Excel 2024

Das komplette Buch, um Microsoft Excel in weniger als 7 Minuten pro Tag von Grund auf zu beherrschen. Entdecken Sie alle Funktionen und Formeln mit Schritt-für-Schritt-Tutorials

Von

LEONARD J. LEDGER

Inhalt

Kapitel 1 Einführung in Microsoft Excel 6

1.1 Definition von Microsoft Excel 6

1.2 Kurze Geschichte von Microsoft Excel 6

1.3 Welchen Sinn hat es, Excel zu benutzen und zu lernen? 8

1.4 Beispiele für die Verwendung von Excel 8

1.5 Wo können Sie einen Excel-Download erhalten? 10

Kapitel 2: Microsoft Excel 11

2.1 Microsoft Excel herunterladen 11

2.2 Verschiedene Möglichkeiten zum Herunterladen von Excel 11

2.3 Warum sollten Sie Excel kaufen? 14

2.4 Erweiterungen von Excel 14

Kapitel 3: Excel-Schnittstelle 21

3.1 Excel-Registerkarten 21

Kapitel 4: Excel-Formeln 32

4.1 Was ist eine Excel-Formel? 32

4.2 Wie Sie in Microsoft Excel Formeln einfügen: 32

4.3 Verwendung der gebräuchlichsten Formeln in Microsoft Excel 38

Kapitel 5: Excel für Einsteiger 46

5.1 Hinzufügen häufig verwendeter Aufgaben zur Symbolleiste für bequemen Zugriff 46

5.3 Dynamische Kopf- und Fußzeilen einbinden 49

5.4 Definieren von Druckbereichen 51

5.5 Einfügen der speziellen Optionen 52

5.6 Ausblenden detaillierter Daten durch Gruppieren und Aufheben der Gruppierung von Spalten 54

5.7 Bewahren Sie die Unterlagen und das Arbeitsbuch sicher auf 57

5.8 Suchen Sie nach Präzedenzfällen und abhängigen Formulierungen 58

5.9 Validierung von Daten in Dropdown-Menüs von Zellen 59

5.10 Text-zu-Spalte 61

5.11 Einfache Diagramme erstellen 63

Kapitel 6: Excel für fortgeschrittene Benutzer 65

6.1 Mittlere Kenntnisse 65

6.2 Excel-Tastenkombinationen 80

6.3 Excel-Tricks 83

Kapitel 7: Excel für fortgeschrittene Benutzer 87

7.1 Fortgeschrittene Excel-Formeln und -Funktionen 87

Kapitel 8: Tabellen in Microsoft Excel 102

8.1 Was sind Excel-Tabellen? 102

8.2 Wie Sie eine Tabelle in Microsoft Excel erstellen 102

8.3 Welchen Vorteil hat die Verwendung einer Excel-Tabelle? 104

8.4 Funktionen der Excel-Tabelle 105

Kapitel 9: Excel-Diagramme 111

9.1 Was sind Excel-Diagramme? 111

9.2 Arten von Diagrammen und ihre Verwendung 111

9.3 Verwendung von verschiedenen Excel-Diagrammen 118

9.4 Erstellen von Diagrammen in Excel...119

Kapitel 10: Analysieren von Daten mit Excel...**126**

10.1 Wie führen Sie in Excel eine Datenanalyse durch?..126

10.2 Wie sollte der Prozess der Datenanalyse durchgeführt werden?.................................127

10.3 Die Bedeutung der Datenanalyse für Ihr Unternehmen..128

10.4 Die Datenanalysefunktionen, die Sie kennen sollten..129

Kapitel 11: Fehler in Microsoft Excel..**135**

Kapitel 12: Excel und das tägliche Leben..**140**

12.1 Die Kosten unter Kontrolle halten...140

12.2 Sammelt Daten an einem einzigen Ort..140

12.3 Zugang zu Informationen über das Internet...140

12.4 Es macht die Datenanzeige anschaulicher...140

12.5 Sicherheit..141

12.6 Formulieren Sie Ihre Überlegungen in mathematischen Begriffen................................141

12.7 Wiederherstellen von Informationen aus Tabellenkalkulationen und Datenbanken....141

12.8 Machen Sie Ihren Job komfortabler...141

12.9 Das Zeitmanagement hat sich verbessert..141

12.10 Nehmen Sie eine gründliche Prüfung der Fakten vor...142

12.11 Berechnungen, die sowohl schneller als auch genauer sind.......................................142

12.12 Verbesserung der eigenen Fähigkeit, Informationen zu analysieren.........................142

12.13 Techniken und Prinzipien für die Datenvisualisierung..143

Kapitel 13: Unternehmen und Microsoft Excel...**143**

13.1 Geschäftsanalyse...144

13.2 Personalverwaltung..144

13.3 Operationen verwalten...145

13.4 Leistungsberichte..145

13.5 Büroverwaltung...145

13.6 Strategische Analyse..145

13.7 Projektleitung...146

13.8 Programme verwalten...146

13.9 Vertragsverwaltung...146

13.10 Kontenverwaltung...146

13.11 Analyse der Daten...147

13.12 Verteilung und Visualisierung von Informationen...147

13.13 Projektionen und Vorhersagen...147

13.14 Speicherung der Dateneingabe...147

Fazit..**149**

SCAN HERE

GRAB YOUR FREE BONUSES NOW

HTTPS://821PUBLISHING.COM/EXCEL-LANDING

- Excel for Beginners Audiobook
- Office 365 for Beginners Audiobook
- Excel Pro: Boosting Productivity with Shortcuts and Tricks
- Artificial Intelligence in Excel: Advanced Techniques for Data Visualization

Kapitel 1 Einführung in Microsoft Excel

1.1 Definition von Microsoft Excel

Excel ist ein Microsoft Office-Tool, mit dem viele Menschen bereits vertraut sind. Dank der Tabellenkalkulationsstruktur des Programms verfügt es über eine Vielzahl von Anwendungsmöglichkeiten. Die Organisation, Berechnung und Speicherung von Daten ist mit verschiedenen Datentypen zur späteren Verwendung möglich. Diese Schnittstelle ermöglicht es Ihnen, fast jeden Datentyp mithilfe der Excel-Gitterschnittstelle zu organisieren. Die Stärke von Excel bei der Organisation von Daten liegt in der Möglichkeit, den Stil und die Struktur der Daten nach Ihren Wünschen anzupassen. Microsoft Excel ist eines der ersten und am weitesten verbreiteten Tabellenkalkulationsprogramme der Welt. Mit Microsoft Excel-Tabellen können Sie mit Tabellen mit numerischen Daten arbeiten, die in Spalten und Zeilen strukturiert sind und mit verschiedenen arithmetischen Operationen und mathematischen Funktionen aktualisiert werden können.

Mit Excel können Sie grundlegende Berechnungen durchführen, grafische Hilfsmittel verwenden und Pivot-Tabellen, Makros und viele andere nützliche Features und Funktionen erstellen. Sie können nicht nur Textdaten, sondern auch Datengrafiken wie Balkendiagramme, Histogramme und Liniendiagramme anzeigen. Microsoft Excel unterstützt mehrere Plattformen, darunter Mac OS X und iOS sowie Android, Windows und Windows Phone. Die Organisation und Verwaltung von Daten wird durch Tabellenkalkulationsprogramme wie Microsoft Excel erleichtert, die Zeilen und Spalten verwenden, um Daten zu organisieren und zu verarbeiten. Die Zeilen der Tabellenkalkulation werden durch Zahlen dargestellt, während die Spaltenüberschriften durch Buchstaben dargestellt werden. Sie können mit Excel über Visual Basic for Applications (VBA) programmieren und über DDE (Microsoft Dynamic Data Exchange) auf Daten aus anderen Quellen zugreifen.

1.2 Kurze Geschichte von Microsoft Excel

Die erste Version von Microsoft Excel für Macintosh-Systeme wurde 1987 veröffentlicht, während die erste Version von Microsoft Excel für Windows-Systeme im Jahr 1987 veröffentlicht wurde. In der folgenden Tabelle finden Sie eine Liste der bisher veröffentlichten Versionen und Funktionen von Excel für Windows.

- Excel 1.0 wurde 1985 veröffentlicht und ist die einzige Version des Programms, die für den Macintosh freigegeben wurde.

- Excel 2.0 war die erste Windows-Version, die 1987 auf den Markt kam, und wird erstaunlicherweise noch heute verwendet.

- Excel 3.0 wurde 1990 eingeführt und enthielt Funktionen wie eine Symbolleiste, Zeichenfunktionen und Gliederung. - Excel 3.0 wird auch heute noch verwendet.

- Excel 4.0, das 1992 eingeführt wurde, hatte viele neue Funktionen.

- Excel 5.0 kam 1993 auf den Markt und war im Lieferumfang von Microsoft Office 4.0 enthalten. Das bemerkenswerteste Merkmal dieser Version war die Möglichkeit, Arbeitsmappen mit mehreren Blättern zu erstellen und die Unterstützung für Visual Basic for Applications (VBA).

- Microsoft Excel 7.0 wurde 1995 als Teil der Microsoft Office-Suite eingeführt. Diese Version wies einige Änderungen auf, war aber viel schneller und zuverlässiger als ihr Vorgänger, Excel 5.0.

- Excel 8.0 wurde 1997 veröffentlicht und war Bestandteil der Microsoft Office-Suite. Die wichtigste Neuerung dieser Ausgabe war die Hinzufügung der offiziellen Hilfe und der Validierung.

- Excel 9.0 wurde im Jahr 2000 als Teil von Microsoft Office 2000 eingeführt und enthielt eine Funktion, mit der Benutzer Dokumente selbst reparieren konnten.

- Excel 10.0 wurde im Jahr 2002 als Teil von Microsoft Office XP veröffentlicht und war die erste Version des Tabellenkalkulationsprogramms. Die wichtigste Funktion dieser Version war die Erkennung von Fehlern in Formeln und die Wiederherstellung von Tabellenkalkulationen, wenn Excel abgestürzt war.

- Microsoft Excel 11.0, manchmal auch als Excel 2003 bezeichnet, wurde 2003 als Teil der Microsoft Office 2003 Suite eingeführt. Die wichtigste neue Funktion dieser Version war die verbesserte Unterstützung für XML-Dokumente und -Schemata.

- Das Jahr 2007 war das Jahr der Einführung von Microsoft Excel 2007. Das Ribbon-System, das in Microsoft Excel 2007 eingeführt wurde, war das markanteste Element des Programms.

- Excel 14.0, das im Jahr 2010 veröffentlicht wurde, hatte bedeutende Änderungen. Zu den neuen Funktionen dieser Version von Microsoft Excel gehörten neue visuelle Designs, Verbesserungen an einer Pivot-Tabelle und verschiedene andere Erweiterungen.

- Im Jahr 2015 wurde Microsoft Excel 15.0, auch bekannt als Microsoft Excel 2015, zur Verfügung gestellt. Microsoft fügte dieser Ausgabe der Software mehr als 50 neue Funktionen hinzu.

- Das Jahr 2016 sah die Einführung von Excel 2016. Das Histogramm war eine neue Funktion, die in dieser Ausgabe eingeführt wurde, und es gab eine Reihe weiterer Verbesserungen.

- Microsoft Excel wurde 2018 mit neuen Diagrammen eingeführt, die als Excel 16.0 oder Excel 2019 bekannt sind.

- Excel 2020, das neue Funktionen und Verbesserungen enthält, wurde im Jahr 2020 eingeführt.

1.3 Welchen Sinn hat es, Excel zu benutzen und zu lernen?

Da MS Excel einfach zu bedienen ist und Sie problemlos Daten hinzufügen und löschen können, wird es in vielen Arbeiten und Projekten eingesetzt. Excel ist unverzichtbar für alles, was mit finanziellen Transaktionen zu tun hat. Die Möglichkeit, neue Tabellen mit benutzerdefinierten Formeln für alles zu erstellen, von einer einfachen vierteljährlichen Prognose bis hin zu einem vollständigen Jahresbericht, zieht viele Menschen zu Excel. Excel wird häufig verwendet, um allgemeine Informationen wie Leads, Projektfortschrittsberichte*, Kontaktlisten und Rechnungen zu organisieren und zu verfolgen. Schließlich ist Excel ein wertvolles Werkzeug für den Umgang mit großen Datenmengen in Wissenschaft und Statistik. Laut Microsoft können Forscher leichter Varianzanalysen durchführen und große Datensätze interpretieren, wenn sie die statistischen Gleichungen und Grafiktools von Excel verwenden. Microsoft Excel wird in vielen Bereichen eingesetzt und ist sehr vielseitig. In den folgenden Abteilungen lässt sich die Bedeutung von Microsoft Excel demonstrieren.

- **Rechnen**

Wenn es darum geht, Berechnungen durchzuführen, ist Microsoft Excel von Vorteil. Es verfügt unter anderem über Funktionen für Grundrechenarten, Statistiken und sogar für technische Aufgaben. Microsoft Excel kann Berechnungen durchführen, die zahlreiche Iterationen benötigen, um zu einer endgültigen Antwort zu gelangen, wobei nur einige wenige grundlegende Formelkomponenten hinzugefügt werden müssen.

- **Graphen und Diagramme erstellen**

Verschiedene Abteilungen können statistische Informationen mithilfe von Microsoft Excel-Diagrammen und -Grafiken besser visualisieren und kommunizieren.

- **Formatieren**

Außerdem verfügt das Tabellenkalkulationsprogramm Excel über eine Funktion zur Formatierung von Zellen. Die Zellformatierungsfunktion kann nützlich sein, um herauszufinden, wie etwas funktioniert. Wenn ein bestimmtes Ergebnis entdeckt wird, können die Zellen so angeordnet werden, dass es sichtbar ist. Die Zellformatierungsfunktion kann nützlich sein, um herauszufinden, wie etwas funktioniert. Dies sind nur einige der Anwendungen, die wir oben besprochen haben. Microsoft Excel ist in der Lage, eine Vielzahl von Aktivitäten und Aufgaben auszuführen. Tabellenkalkulationen sind auch heute noch die effektivsten Werkzeuge für die Auswertung großer Datenmengen. Obwohl es nicht das einzige Tool ist, das für die Verwaltung aller Datenaufgaben zur Verfügung steht, ist es eine der kostengünstigsten und vertrauenswürdigsten Lösungen für die Datenanalyse.

Da es auf Ihrem Verständnis des Analyseprozesses basiert, bietet es eine solide Grundlage für die Generierung intelligenter Daten. Infolgedessen betonen die Unternehmen weiterhin die Bedeutung von Excel als die intelligenteste Technik, um verwertbare Einblicke in ihre Operationen zu erhalten. Trotzdem ist der Ansatz nach wie vor vorteilhaft.

1.4 Beispiele für die Verwendung von Excel

Die Microsoft Excel-Anwendung bietet umfassende Funktionen und Möglichkeiten für routinemäßige offizielle Aufgaben. Schauen wir uns nun an, wie verschiedene Arten von Kunden auf der ganzen Welt Microsoft Excel-Kenntnisse in ihrem täglichen Leben nutzen.

• Auf dem Gebiet der Bildung

Tabellenlayouts, Formulare, Infografiken, Datentools und Algorithmen sind einige der Tools, die Lehrer im Unterricht einsetzen können. Die Schüler können lernen, grundlegende und logisch-mathematische sowie statistische Probleme mit Excel zu analysieren und zu lösen. Lehrer können Schüler unterrichten, indem sie eine Tabelle in einer Excel-Tabelle erstellen und diese anzeigen. Sie können Farben verwenden, um die Aufmerksamkeit auf visuell ansprechende Zellen zu lenken, wichtige Statistiken unterstreichen und Daten in Balken und Diagrammen darstellen, um ihre Aussagen zu erläutern.

• Im kommerziellen Sektor

Ist es für einen Unternehmer, ob klein oder groß, möglich, erfolgreich zu sein und sein Unternehmen zu führen, ohne Microsoft Excel zu verwenden? Ist es möglich, Ihr Unternehmen effektiv zu führen, ohne Microsoft Excel zu verwenden? Das Tabellenkalkulationsprogramm Microsoft Excel wird in vielen kommerziellen Anwendungen eingesetzt. Kommerzielle Operationen dazu gehören u.a. Zielsetzung, Budgetierung und Planung, Teamführung, Kontoverwaltung, Einnahmen- und Ausgabenschätzungen, Produktbereitstellung und Kundendatenverwaltung, um nur einige zu nennen. Wenn Microsoft Excel am Arbeitsplatz eingesetzt wird, hilft es, gewöhnliche Behördengänge effektiver, genauer und vorhersehbarer zu gestalten. Microsoft Excel verfügt über viele nützliche Funktionen und Merkmale wie Filter, Diagramme, bedingte Formatierung, Tabellen einschließlich Pivot-Tabellen sowie logische und finanzielle Berechnungen.

• Datenanalyse und Interpretation

Wenn Sie für ein Online-Unternehmen oder einen Website-Betreiber arbeiten, ist die Datenanalyse sehr zeitaufwendig (E-Commerce, Blog, Foren usw.). Zum Beispiel müssen Sie verschiedene Dinge tun, um Website-Traffic, Umsatzerlöse, Nutzerbewertungen, Marketingtechniken, Nutzeraktivitäten und Ereignisse zu verfolgen. Eine solche Arbeit nimmt viel Zeit in Anspruch und erfordert viel Überlegung, vor allem, wenn die Dinge nicht so laufen wie geplant.

Die Verwendung der Microsoft Excel-Anwendung hat für Online-Geschäftsinhaber und Kunden viele Vorteile. Die üblichen täglichen Aufgaben wie das Filtern von Benutzerdaten nach Land, das Filtern von Kunden nach Alter, das Anwenden von bedingten Formeln auf umfangreiche Daten usw. sind alles Aufgaben, die Sie unterstützen können.

• Ziele Organisieren und Vorbereiten

Mithilfe von Microsoft Excel ist es möglich, sich finanzielle, berufliche und körperliche Ziele zu setzen. In dieser Situation ist es hilfreich, eine klare Perspektive zu haben, auf die man sich konzentrieren kann, während man auf dem richtigen Weg bleibt. Diese Aktivitäten und Aufgaben werden mithilfe von Tabellen, Planpapieren und Protokollen erledigt, die alle in Excel erstellt werden, um den Fortschritt regelmäßig zu verfolgen und sicherzustellen, dass das Projekt rechtzeitig abgeschlossen wird.

1.5 Wo können Sie einen Excel-Download erhalten?

Eine andere Version von Microsoft Excel steht auf der Microsoft-Website zum Download bereit und kann von dort bezogen werden. Wenn Sie die offizielle Microsoft-Website besuchen, können Sie die Kalkulationstabelle über den folgenden Link herunterladen: **https://www.microsoft.com/en-us/ww/microsoft-365/excel.**

Sie können es entweder kaufen oder kostenlos testen. Melden Sie sich auf der Website für den Newsletter an. Es gibt viele verschiedene Pläne und Lizenzen für diese Software. Es gibt sowohl Lizenzen für die private als auch für die geschäftliche Nutzung. Weitere Informationen finden Sie in den Lizenzierungsplänen und Preisen. Mit der Home-Lizenz sind drei verschiedene Arten von Lizenzen erhältlich. Eine für Sie selbst, eine zweite für eine Familie mit 2 bis 6 Personen und eine dritte für einen Studenten, der jeweils nur einen einzigen Computer oder Laptop benutzen kann, sind erhältlich. Die Preise variieren für jede Art von Lizenz und sind gültig für ein Jahr. Für Business One sind vier verschiedene Pläne verfügbar: Basic, Standard, Premium und Apps for Business. Jeder Plan bietet eine einzigartige Reihe von Funktionen und eine einzigartige Reihe von Preisen für ein ganzes Jahr.

Unternehmen kombinieren sie, um verschiedene Merkmale und bessere Funktionalitäten zu erhalten, die ihren spezifischen Anforderungen entsprechen.

Kapitel 2: Microsoft Excel

2.1 Microsoft Excel herunterladen

Eine alternative Version von Microsoft Excel steht auf der Microsoft-Website zum Download bereit. Sie kann unter https://www.microsoft.com/en-ww/microsoft-365/excel, der offiziellen Website von Microsoft, heruntergeladen werden. Sie können sie entweder kaufen oder kostenlos testen. Füllen Sie auf der Website das Registrierungsformular aus. Diese Software wird in einer Reihe von Plänen und Lizenzen angeboten. Es gibt zwei Arten von Lizenzen: für Privatanwender und für Unternehmen; sehen Sie sich auch die Pläne und Preise für diese Lizenzen an. Für die Home-Lizenz gibt es drei Arten von Lizenzen. Eine ist für den persönlichen Gebrauch, die zweite für einen Haushalt mit 2 bis 6 Personen und die dritte für einen Studenten, der nur einen Computer oder Laptop benutzen kann. Die Preise für ein Jahr sind für jeden unterschiedlich. Es gibt vier Arten von Business One-Tarifen: Basic, Standard, Premium und Apps for Business. Jeder Plan hat seinen eigenen Funktionsumfang und seine eigenen jährlichen Kosten.

Unternehmen kombinieren sie, um je nach Bedarf verschiedene Funktionen und eine bessere Funktionalität zu erhalten.

Sicherheitsverbesserungen in Microsoft Excel

Mit dem Update vom Januar hat Microsoft zwei Sicherheitsänderungen in Excel vorgenommen, um die Sicherheit zu erhöhen. Diese Sicherheitsfunktionen blockieren (DDE) Dynamic Data Exchange und aktivieren automatisch Object Linking and Embedding (OLE) Objekte in allen unterstützten Versionen von Excel.

Austausch von dynamischen Daten (DDE)

Steuerelemente zum Anhalten der DDE-Server-Suche und des DDE-Server-Starts wurden im Januar 2018 in allen unterstützten Excel-Versionen eingeführt.

Der Start von DDE-Servern wurde in Office 365-Versionen >= 1902 im August 2019 deaktiviert und die Gruppenrichtlinienunterstützung sowohl für die DDE-Serversuche als auch für den Start von DDE-Servern wurde aktiviert.

Der Start des DDE-Servers ist in Office 2021 deaktiviert, obwohl die Gruppenrichtlinienunterstützung für beide DDE-Konfigurationen verfügbar ist.

In Office 2016 und Office 2019 deaktiviert das Update vom Januar den Server von DDE zum Starten in allen unterstützten Versionen von Excel und fügt Gruppenrichtlinienunterstützung für diese Option hinzu. Dieses Update hat keine Auswirkungen auf Benutzer, die diese Einstellungen bereits festgelegt haben.

2.2 Verschiedene Möglichkeiten zum Herunterladen von Excel

Kaufen Sie ein Abonnement für Microsoft Office

Kaufen Sie ein Abonnement für Office 365. Sie müssen ein Office 365-Abonnement erwerben, bevor Sie Microsoft Excel zur langfristigen Nutzung herunterladen können.

Stattdessen können Sie eine kostenlose Testversion von Office 365 herunterladen, um es einen Monat lang auszuprobieren.

Gehen Sie in den Office-Bereich Ihres Kontos. Gehen Sie im Webbrowser Ihres Computers auf http://www.office.com/myaccount/. Wenn Sie eingeloggt sind, werden Sie zu Ihrer Office-Abonnement-Seite weitergeleitet.

Wenn Sie dazu aufgefordert werden, geben Sie Ihre E-Mail-Adresse und Ihr Passwort ein, falls Sie noch nicht angemeldet sind.

Installieren > ist der nächste Schritt. Auf der linken Seite der Website finden Sie eine orangefarbene Schaltfläche.

Installieren sollte ausgewählt sein. Sie finden die Schaltfläche auf der rechten Seite der Seite. Wenn Sie darauf klicken, beginnt der Download der Office 365 Setup-Datei.

Bevor das Herunterladen der Setup-Datei beginnt, müssen Sie je nach den Einstellungen Ihres Browsers möglicherweise einen Speicherort auswählen oder den Download bestätigen.

Installieren Sie Office 365 auf Ihrem Computer. Dieser Schritt unterscheidet sich je nach Betriebssystem Ihres Computers. Führen Sie folgende Schritte aus, nachdem Sie auf die Office-Setup-Datei doppelgeklickt haben:

Wenn Sie gefragt werden, wählen Sie Ja und warten Sie, bis die Installation von Office abgeschlossen ist. Wenn Sie dazu aufgefordert werden, klicken Sie auf Schließen, um die Installation abzuschließen.

Klicken Sie auf Weiter, Fortfahren, Zustimmen, Fortfahren, Installieren, geben Sie das Kennwort Ihres Macs ein, klicken Sie auf Software installieren und schließen Sie das Programm, wenn Sie dazu aufgefordert werden, auf Ihrem Mac.

Suchen Sie nach Excel. Da Microsoft Excel in jeder Edition von Office 365 enthalten ist, können Sie es nach der Installation entdecken:

Klicken Sie im Startmenü auf das Windows-Symbol und geben Sie Excel ein, um das Excel-Symbol im oberen Bereich anzuzeigen.

Für Mac - Drücken Sie auf das Suchsymbol in Spotlight und geben Sie Excel ein, sodass Excel ganz oben in den Suchergebnissen erscheint.

Kostenlose Testmethode

Rufen Sie die Seite mit der kostenlosen Office-Testversion auf, um loszulegen. Rufen Sie im Webbrowser Ihres Computers die Seite https://products.office.com/en-us/try auf. Wenn Sie die kostenlose Testversion von Office 365 herunterladen, können Sie Excel einen Monat lang kostenlos nutzen.

TESTEN SIE EINEN MONAT KOSTENLOS, indem Sie auf EINEN MONAT KOSTENLOS TESTEN klicken. Es befindet sich auf der linken Seite der Seite.

Wenn Sie dazu aufgefordert werden, melden Sie sich bei Ihrem Microsoft-Konto an. Geben Sie dazu Ihre E-Mail-Adresse und Ihr Passwort ein.

Dieser Schritt ist nicht unbedingt erforderlich, wenn Sie sich kürzlich bei Ihrem Microsoft-Konto angemeldet haben.

Nächste sollte ausgewählt sein. Ganz unten auf der Seite finden Sie es.

Wählen Sie eine Zahlungsmethode. Um Ihre Kartendaten einzugeben, klicken Sie auf Kreditkarte oder Debitkarte oder wählen Sie eine der anderen Alternativen (z.B. PayPal) unter dem Abschnitt "Wählen Sie eine Zahlungsmethode".

Office 365 wird Ihnen zwar nicht sofort in Rechnung gestellt, aber nach Ablauf des einmonatigen Testzeitraums müssen Sie für ein Jahr Office 365 bezahlen.

Füllen Sie die Zahlungsdaten aus. Geben Sie die Zahlungsdaten für die von Ihnen gewählte Zahlungsart ein. Dazu gehören Ihre Rechnungsadresse, die Kartennummer, das Gültigkeitsdatum der Karte und andere Informationen für eine Karte.

Wenn Sie eine andere Zahlungsoption als eine Kreditkarte wählen, müssen Sie Ihre Daten anhand der Anweisungen auf dem Bildschirm eingeben.

Fahren Sie fort, indem Sie nach unten scrollen und auf Weiter klicken. Sie finden es unten auf der Seite. Er bringt Sie zur Übersichtsseite.

Wenn Sie mit einem anderen Zahlungsmittel als einer Kreditkarte bezahlt haben, werden Sie möglicherweise aufgefordert, Ihre Rechnungsdaten anzugeben und auf Weiter zu klicken, bevor Sie fortfahren.

Das Abonnieren ist ganz einfach. Diesen Link finden Sie unten auf der Seite. Danach werden Sie auf die Seite "Büro" Ihres Kontos weitergeleitet.

Installieren Sie Office 365 auf Ihrem Computer. Führen Sie die folgenden Aktionen durch:

- Klicken Sie links auf der Seite auf Installieren >.
- Klicken Sie auf der Seite auf der rechten Seite auf Installieren.
- Doppelklicken Sie auf die heruntergeladene Office 365 Setup-Datei.
- Folgen Sie den Installationsanweisungen, die auf dem Bildschirm erscheinen.

Kündigen Sie Ihre Testversion, bevor sie Ihnen in Rechnung gestellt wird. Wenn Sie nicht in einem Monat für ein Jahr Office 365 bezahlen möchten, gehen Sie wie folgt vor:

- Wenn Sie dazu aufgefordert werden, gehen Sie zu https://account.microsoft.com/services/ und melden Sie sich an.
- Scrollen Sie unter der Überschrift "Office 365" nach unten und wählen Sie Zahlung & Abrechnung.
- Klicken Sie auf der rechten Seite der Seite auf Abbrechen.
- Wenn Sie dazu aufgefordert werden, klicken Sie auf Stornierung bestätigen.

2.3 Warum sollten Sie Excel kaufen?

Es lässt sich nicht leugnen, dass Microsoft Privatpersonen und Unternehmen dazu ermutigt, den Dienst zu abonnieren. Die Cloud-basierten Dienste werden nicht für diejenigen verfügbar sein, die eine unbefristete Lizenz erworben oder eine einmalige Zahlung geleistet haben. Die unbefristete Lizenz, mit der Sie Excel 2024 für immer nutzen können, ist einer der größten Vorteile des Kaufs. Wenn Sie eine Excel 2024-Lizenz erwerben, besitzen Sie diese auf unbestimmte Zeit. Wenn Sie sich für Excel 365 entscheiden, mieten Sie eine Lizenz zur Nutzung des Produkts. Da Sie nicht mit der Cloud verbunden sind, verwenden Unternehmen, die mit sensiblen Daten arbeiten, häufig Excel 2024. Im Vergleich zu Excel 365 haben mehrere Benutzer behauptet, dass Trichterdiagramme und Pivot-Tabellen in Excel 2024 besser sind.

Vorteile:

- Unbefristete Genehmigung (unbefristete Nutzung der Softwareanwendung)

- Es ist unwahrscheinlich, dass es gehackt wird.

- Pivot-Tabellen und Trichterdiagramme wurden verbessert.

- Konsequenter

2.4 Erweiterungen von Excel

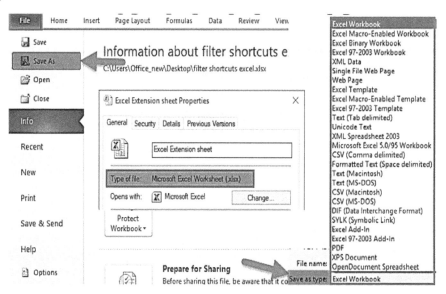

Excel ist ein Tool, mit dem wir Dateien in verschiedenen Formaten speichern können. Die Erweiterung.xlsx ist eine Standard-Excel-Erweiterung für die Speicherung grundlegender Datentypen. Eine weitere Standarderweiterung, die bis MS Office 2007 verwendet wurde, ist XLS. Wir haben XLSM zum Speichern von VBA-Code. Sie ist speziell für Makros gedacht. CSV (Kommagetrennte Values) ist eine weitere Erweiterung, die durch Kommas getrennte Daten abgrenzt. Die XLSB-Erweiterung wird u.a. zum Komprimieren, Speichern und Öffnen von Dateien verwendet.

Zum Beispiel enthält der Dateiname "XYZ.doc" die Dateierweiterung ".doc", eine Dokumentenerweiterung. Excel-Dateierweiterungen gibt es in einer Vielzahl von Formen und Größen. Wir beginnen mit dem am häufigsten vorkommenden Dateityp:

Die Excel-Dateierweiterung lautet XLS.

Es ist die beliebteste und Standard-Erweiterungsform in Microsoft Office-Tabellenkalkulationen. XLS war die Dateierweiterung vor Excel 2007. Diese Erweiterung bezieht sich auf eine Datei, die u.a. verschiedene Daten, Formate und Bilder enthält. Mithilfe einer Erweiterung erkennt das Betriebssystem den Dateityp und öffnet ihn im Excel-Programm. Von Excel 2.0 bis Excel 2003 ist das XLS-Dateiformat der Standard.

Die Excel-Dateierweiterung lautet XLSX.

Diese Erweiterung wird von Tabellenkalkulationsdateien verwendet, die mit Excel 2007 und späteren Versionen erstellt wurden. Die aktuelle Standard-Dateierweiterung für eine Excel-Datei ist XLSX.

Das XSLX-Dateiformat basiert auf XML. Dank dieser Technik ist das XSLX-Dateiformat viel leichter und kleiner als das XLS-Dateiformat, was zu einer erheblichen Platzersparnis im Vergleich zum XLS-Dateiformat führt und das Herunterladen und Hochladen von Excel Dokumente nimmt weniger Zeit in Anspruch. Der einzige Nachteil dieser XSLX-Erweiterung ist, dass sie nicht mit Dateien kompatibel ist, die vor Excel 2007 erstellt wurden.

Excel-Dateierweiterung XLSM

Diese Dateierweiterung wird von Tabellenkalkulationen ab Excel 2007 erstellt, die Excel-Makros enthalten.

Es ist einfach zu erkennen, dass eine Datei ein Makro enthält, und zwar mithilfe einer Erweiterung. Diese Version existiert aus Sicherheitsgründen und schützt eine Datei vor Computerviren, schädlichen Makros, infizierenden Maschinen und anderen Bedrohungen. In Bezug auf Makros und Sicherheit ist diese Dateierweiterung äußerst verlässlich.

Excel-Dateierweiterung XLSB

Dieser Dateierweiterungstyp ermöglicht das Komprimieren, Speichern und Öffnen von Excel-Dateien, die eine große Menge an Daten oder Informationen enthalten.

Das Öffnen und Verarbeiten einer Excel-Datei, die eine große Menge an Daten enthält, dauert sehr lange. Das Programm hängt sich manchmal beim Öffnen auf und stürzt regelmäßig ab.

Wie kann ich das Format oder die Erweiterung einer Excel-Datei ändern?

Folgen Sie den nachstehenden Anweisungen, um die Dateierweiterung zu ändern:

Öffnen Sie das Arbeitsblatt, für das Sie eine Formatänderung vornehmen möchten.

Wählen Sie DATEI aus dem Dropdown-Menü.

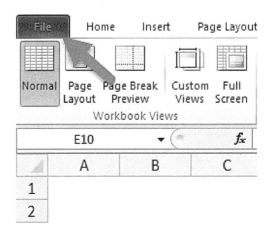

Es öffnet sich ein Fenster mit einem linken Fensterbereich. Dieser Bereich enthält eine Vielzahl von Auswahlmöglichkeiten. Werfen Sie einen Blick auf das folgende Bild.

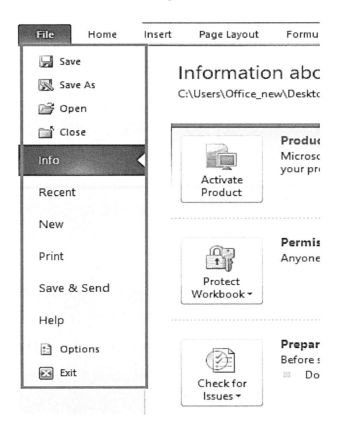

Wie unten dargestellt, wählen Sie die Option Speichern unter.

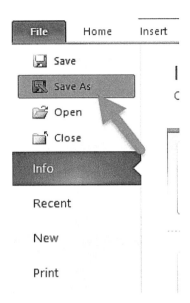

Es erscheint ein Dialogfenster, wie unten abgebildet.

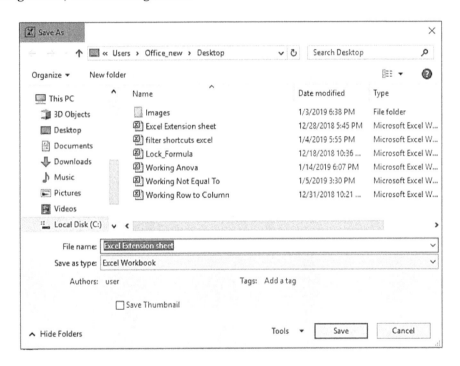

Nun müssen Sie entscheiden, wo die Datei auf Ihrem Computer gespeichert werden soll. Werfen Sie einen Blick auf das Bild unten.

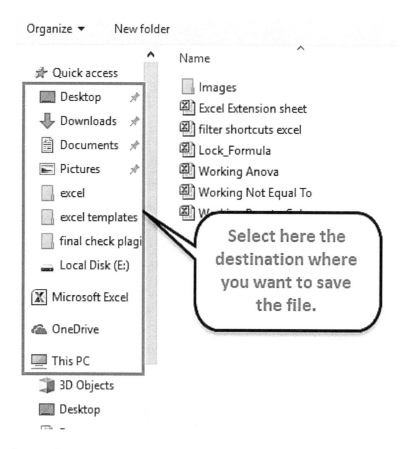

Wir haben den Desktop als Speicherort für diese Datei gewählt.

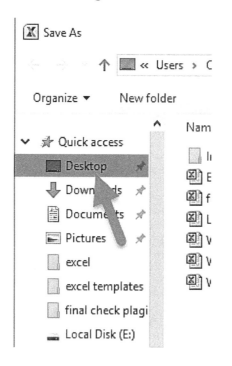

Geben Sie den Dateinamen für die Arbeitsmappe in den Bereich Dateiname ein.

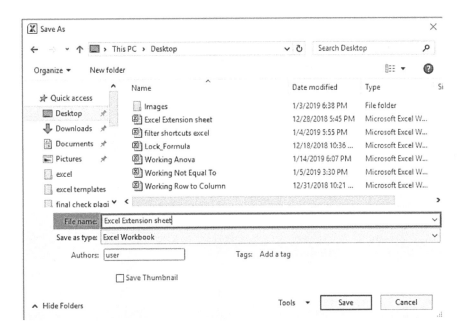

Im Bereich Speichern unter müssen wir ein Dateiformat auswählen.

Wenn Sie auf Dateityp speichern klicken, wird eine Liste von Formaten angezeigt, wie unten dargestellt.

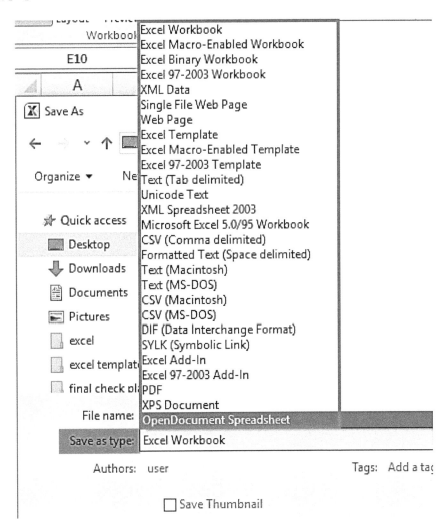

Wählen Sie das Dateiformat und klicken Sie auf die Schaltfläche Speichern, um die Informationen der Datei zu schützen.

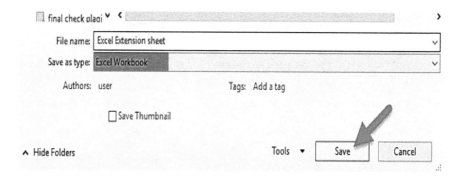

Die Datei wird mit der Erweiterung gespeichert.

Kapitel 3: Excel-Schnittstelle

Die Multifunktionsleiste, ein Streifen mit Schaltflächen im oberen Bereich des Programmfensters, ist ein wichtiger Bestandteil der Excel-Oberfläche. Die Multifunktionsleiste ist in Registerkarten unterteilt, von denen jede eine Sammlung von Steuerelementen enthält, und diese Nomenklatur wird verwendet, um anzuzeigen, wo sich die Tools befinden. Die Registerkarte Start, die Gruppe Typ und die Schaltfläche Fett wenden beispielsweise die Schriftart Fett auf den angegebenen Bereich an.

Die Microsoft Excel-Oberfläche umfasst Felder, Zeilen, Spalten, Befehlsleisten und andere Funktionen. Die Multifunktionsleiste, die den größten Teil der Oberfläche einnimmt, ist ein Beispiel für ein Element, das verschiedene Aufgaben erfüllt. Die Formelleiste und das Namensfeld sind zwei Aspekte, die weniger funktional, aber dennoch hilfreich sind. In dieser Sitzung wird die Microsoft Office Excel-Oberfläche besprochen und die einzelnen Komponenten aufgeschlüsselt.

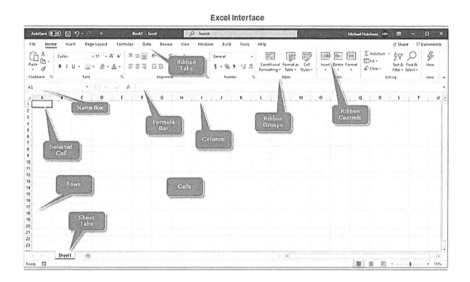

Excel 2024 ist ein Tabellenkalkulationsprogramm für Microsoft Office, mit dem Sie Daten speichern, organisieren und analysieren können. Sie irren sich, wenn Sie glauben, dass Spezialisten Excel ausschließlich für komplizierte Aufgaben verwenden! In Wahrheit kann jeder die Funktionen von Excel optimal nutzen, um Probleme zu lösen.

Der Startbildschirm wird angezeigt, wenn Sie Excel zum ersten Mal starten. Von diesem Menü aus können Sie eine neue Arbeitsmappe starten, eine Vorlage auswählen oder eine der vorherigen Arbeitsmappen aufrufen.

Um die MS Excel Oberfläche anzuzeigen, suchen Sie auf dem Startbildschirm nach Blank Workbook und starten Sie es. Die Oberfläche von Microsoft Excel wird vor Ihnen angezeigt.

3.1 Excel-Registerkarten

Datei

Auf der Registerkarte Datei finden Sie die operativen Aspekte Ihres Excel-Arbeitsblatts. Im Bereich INFO können Sie ein Kennwort für Ihre Arbeitsmappe festlegen, um zu verhindern, dass andere sie in Ihrer Abwesenheit ändern. Außerdem können Benutzer ihre Arbeitsmappe daraufhin überprüfen, ob die Schriftgröße für Menschen mit Sehbehinderungen geeignet ist.

Sie können die Option NEU verwenden, um ein neues Arbeitsblatt zu erstellen, das sich von demjenigen unterscheidet, an dem Sie gerade arbeiten. Sie können auch die Tastenkombination Strg+N, sprich Control N, verwenden.

Sie können die Option ÖFFNEN verwenden, um ein bereits verwendetes oder vorhandenes Arbeitsblatt zu öffnen und zu bearbeiten. Wenn Sie Öffnen wählen, erscheint ein Verzeichnis (Ordner), in dem Sie den Speicherort der zu öffnenden Datei und dann die Datei selbst auswählen können.

Die Option SPEICHERN speichert unsere Arbeitsmappe und bringt sie jedes Mal auf den neuesten Stand, wenn Sie speichern. Strg+S ist das Tastenkürzel. Wir bieten auch Optionen zum Drucken, Freigeben, Exportieren und Schließen. Es kann jedoch sein, dass Sie diese Alternativen noch nie gebraucht haben.

Symbolleiste für den Schnellzugriff

Die Symbolleiste für den Schnellzugriff befindet sich in der oberen linken Ecke von Excel und anderen MS Office-Programmen. Speichern, Rückgängig machen und Wiederholen sind die Standardbefehle der Symbolleiste für den Schnellzugriff. Die Symbole für Speichern, Wiederholen und Rückgängig machen sind standardmäßig in der Symbolleiste enthalten. Klicken Sie auf den kleinen Abwärtspfeil am rechten Ende der Symbolleiste, um ein Dialogfeld für die Anpassung aufzurufen, in dem Sie die verschiedenen Symbole der Symbolleiste hinzufügen oder entfernen können.

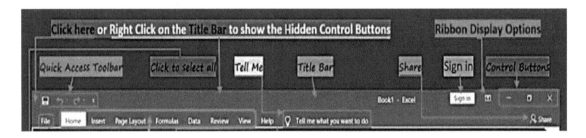

Sagen Sie mir

Mit dem Suchfeld in der Benutzeroberfläche von Microsoft Excel können Sie schnell und einfach Befehle finden, ohne eine Multifunktionsleisten-Registerkarte oder Gruppe zu benutzen. Hier können Sie einen beliebigen Befehlsnamen eingeben, den Sie auf das Blatt/Dokument anwenden möchten.

Titel Bar

Der aktuell verwendete Name wird in der Titelleiste angezeigt, die sich am oberen Rand des Excel-Tabellenkalkulationsprogramms (MS-Office Suite) befindet. Die Titelleiste enthält in der Mitte den Namen der Arbeitsmappe. Der Titel der Arbeitsmappe ist das, was wir hier als Titel bezeichnen.

Anmelden - Excel-Benutzeroberfläche

Das kostenlose Microsoft-Konto wird verwendet, um Microsoft-Dienste zu kaufen, zu aktivieren und zu nutzen. Der Dienst ermöglicht es Ihnen, Dokumente zu speichern und von überall aus zu empfangen. Dieses Konto kann auch auf One Drive, Skype und den Microsoft Store zugreifen.

Teilen - Benutzeroberfläche für MS Excel

Diese Option erscheint in der oberen rechten Ecke, hinter der Schaltfläche Schließen. Durch das Teilen mit Caring können Sie Ihre Arbeit auf verschiedenen Plattformen speichern. Zu diesen Plattformen gehören Google Cloud, One Drive, E-Mail, Blogs und People.

Farbband

Die Multifunktionsleiste ist das wichtigste Arbeitselement der Microsoft Excel-Oberfläche und enthält alle Anweisungen, die für die grundlegendsten Operationen erforderlich sind. Die Multifunktionsleiste ist in Registerkarten unterteilt, die jeweils viele Befehlsgruppen enthalten.

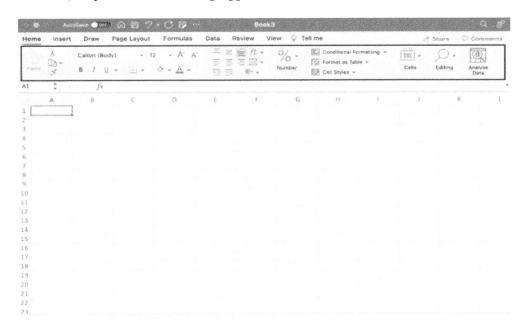

Excel Ribbon Registerkarten

Die Excel Multifunktionsleiste hat neun Registerkarten. Datei, Start, Einfügen, Seitenlayout, Formeln, Daten, Überprüfen, Ansicht und Hilfe sind die verfügbaren Optionen. Fügen Sie weitere Registerkarten mit Ihren bevorzugten Befehlsschaltflächen hinzu, um eine individuelle Multifunktionsleiste zu erstellen.

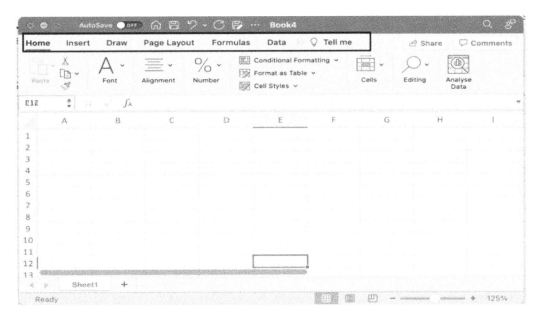

Startseite

Die am häufigsten verwendeten Befehle wie Kopieren und Einfügen, Suchen und Ersetzen, Sortieren, Filtern und Formatieren Ihrer Daten finden Sie alle auf dieser Registerkarte.

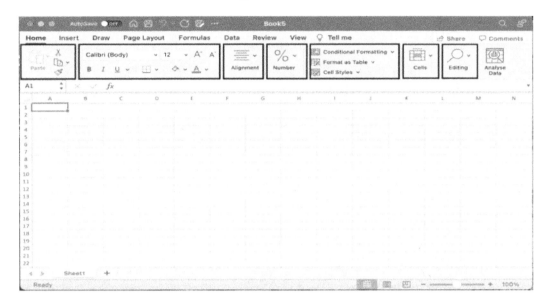

Die Standardoberfläche von Excel ist die Registerkarte Start. Sie enthält verschiedene Ribbons, darunter Kopieren (Strg+C), Ausschneiden (Strg+X) und Einfügen (Strg+V), die alle über die Zwischenablage verfügbar sind. Darüber hinaus können wir mit dem Formatierer ein komplettes Diagramm, einen Datensatz oder ein anderes Objekt mit nur zwei Klicks formatieren. Wie der Name schon sagt, funktioniert die Zwischenablage ähnlich wie ein Textdokument (weiße oder schwarze Tafel). Alles, was Sie kopieren, ausschneiden oder künstlerisch formatieren, wird dort vorübergehend abgelegt (als Backup), bis Sie es an der gewünschten Stelle einfügen. Deshalb können Sie von einer Arbeitsmappe in eine andere kopieren und dann einfügen (auch wenn die Arbeitsmappe geschlossen ist) oder von einer Seite in eine andere oder von Excel in Word oder PowerPoint und andersherum.

Die Multifunktionsleiste für die Schriftart bietet Werkzeuge für die Schriftart, z.B. den Namen und die Größe der Schriftart. Es ermöglicht es Ihnen, Ihren Text fett, kursiv oder unterstrichen darzustellen. Sie können auch eine andere Schriftfarbe und eine andere Füllfarbe wählen. Die Schriftfarbe ist standardmäßig auf Schwarz eingestellt, aber Sie können sie mit Excel in Rot oder Grün ändern. Die Füllfarbe ist dieselbe wie die Farbe der Zelle, in die die Daten geschrieben werden.

Ausrichtung: Das Ausrichtungsband bietet, wie der Name schon sagt, die Möglichkeit, unsere Wörter und Zahlen links, rechts, mittig, oben oder unten auszurichten. Wir können die Ausrichtung verwenden, um unseren Text diagonal oder vertikal zu kippen, wenn unsere Spalten extrem klein sind und der Spaltentitel länger als die Breite ist. Die Optionen 'Text umbrechen' und 'Zusammenführen & zentrieren' sind ebenfalls verfügbar. Später in dieser Serie werden wir uns ansehen, wie sie in der Praxis funktionieren.

Formatierungsmöglichkeiten für numerische und nicht-numerische Zahlen finden Sie in der Multifunktionsleiste Zahlen. Neben dem Standardformat Allgemein gibt es Alternativen wie Text, Zahl, Währung, Zeit, Buchhaltung, kurzes und langes Datum, Prozentsatz, Bruch und Wissenschaftlich. Wir haben auch ein spezielles Format für Zahlen, die weiter formatiert werden müssen. Wenn Sie '345' als Währung formatieren, sollte das Naira-Zeichen (oder eine andere internationale Währung) vorne angezeigt werden. Und wenn Sie 0,23 als Prozentsatz formatieren, wird daraus 23%. Die Dezimalstelle in ganzen Zahlen kann erhöht oder verringert werden.

Formatvorlagen: In dieser Multifunktionsleiste können wir Optionen entdecken, mit denen wir unsere Texte nach bestimmten Kriterien formatieren können. Zum Beispiel können wir unser Arbeitsblatt so gestalten, dass alle Werte, die größer als fünfzig sind, in einer Farbe unserer Wahl eingefärbt werden. Oder eine Zelle sollte einen grünen Pfeil enthalten, der einen Gewinn anzeigt, und einen braunen Pfeil, der einen Verlust anzeigt. Anstelle eines Datenfelds können wir unseren Datensatz auch als Tabelle formatieren. Strg+T ist ein Tastaturkürzel für die Formatierung einer Tabelle. Für unsere Zellen stehen Farben, Kursivschrift, Überschriften und andere Formatierungsoptionen zur Verfügung.

Zelle: Das Menüband Zelle bietet Auswahlmöglichkeiten wie Einfügen (eine neue Zelle zwischen vorhandenen Zellen), Löschen (wodurch die markierte(n) Zelle(n) entfernt werden) und Formatieren (wodurch der Benutzer die Zeilen- oder Spaltenhöhe oder -breite der Zellen anpassen kann).

Editieren: Die Multifunktionsleiste Bearbeiten verfügt über schnelle arithmetische Funktionen wie AutoSum, die alle ganzen Zahlen in einer Zeile oder Spalte addiert. Um alle ausgewählten Werte zu löschen, klicken Sie auf Löschen. Die Optionen sind Sortieren und Filtern. Suchen (Ctrl+F) und Ersetzen (Ctrl+H).

Befehle

Der Befehl gehört zu einer Gruppe. Außerdem erhalten Sie Zugriff auf ein bestimmtes Stück Arbeit. Die Gruppe Schriftart enthält zum Beispiel fette, kursive, unterstrichene und andere Anweisungen.

Name Box

In einer Excel-Tabelle können Sie mit dem Namensfeld die Referenz (Adresse) für eine einzelne Zelle oder einen Zellbereich untersuchen und den Namen für diese Zelle oder diesen Zellbereich festlegen.

Funktionen zum Einfügen

Es erzielt das gewünschte Ergebnis mithilfe einer bestimmten Funktion in Abhängigkeit von den Eingaben. Dies ist eine der Funktionen von Excel (Einführung und Benutzeroberfläche von MS-Excel).

Formel Bar

Sie können die Funktion oder Formel, die für jede Zelle des Blattes gilt, für jede Berechnung in der Formelleiste überprüfen und ändern.

Die größenveränderbare Leiste über den Spalten eines Excel-Blatts wird als Formelleiste bezeichnet. Zur besseren Veranschaulichung wird alles, was wir in eine beliebige Zelle eingeben, darüber angezeigt. Sie eignet sich hervorragend zum Formatieren von Formeln, bevor Sie die Eingabetaste drücken (Ausführen).

Im Funktionsfeld auf der linken Seite wählen wir die Funktionen aus, die wir ausführen möchten. Nehmen wir an, Sie suchen nach dem Durchschnitt (Mittelwert), dem niedrigsten (MIN) oder dem höchsten (MAX) numerischen Wert in einer Datenmenge.

Das Namensfeld befindet sich gleich links daneben. Es zeigt die Zelle an, in der Sie sich befinden, z.B. A1, und informiert Sie darüber.

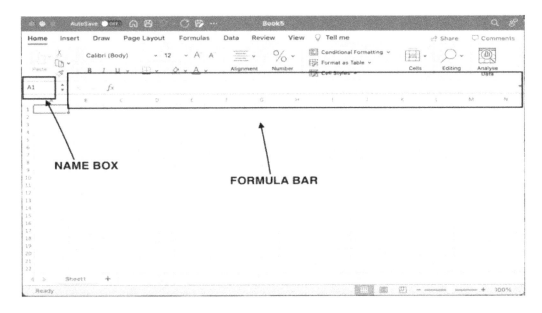

Zeilen- und Spaltenüberschriften

Die Spalte besteht aus vertikalen, hellgrauen Linien, die die Buchstaben tragen, mit denen die einzelnen Spalten in einer Kalkulationstabelle gekennzeichnet sind. Oben (über der ersten Zeile) befindet sich eine Spaltenüberschrift. Jede Zeile in einem Arbeitsblatt wird durch eine Gruppe horizontaler hellgrauer Linien mit der Nummer gekennzeichnet, die zur Identifizierung jeder Zeile dient. Die Zeilenüberschrift wird oben auf der Seite angezeigt (links von der ersten Spalte). Ohne Zeilen- und Spaltenüberschriften können Sie die automatische Ausfüllfunktion von Excel nicht verwenden. Dies ist eine der wichtigsten Funktionen von Excel (Einführung und Benutzeroberfläche von MS-Excel).

Vertikale/horizontale Bildlaufleiste

Mit der Bildlaufleiste können Sie das Arbeitsblatt in jedem Bereich anzeigen, indem Sie mit der vertikalen oder horizontalen Bildlaufleiste nach oben, unten, links oder rechts blättern.

Optionen für die Seitenansicht

Die Optionen für die Seitenansicht finden Sie auf der rechten Seite des Bildschirms, eine davon in der Taskleiste. Diese sind gewöhnlich:

Normal: Dies ist die Standardansicht des Arbeitsblatts, und es ist einfacher, in diesem Modus zu arbeiten.

Seitenlayout: Das Arbeitsblatt wird für die Druckvorschau im Modus Seitenlayout in mehrere Seitengrößen aufgeteilt.

Seitenumbruch-Vorschau: Die Seitenumbruchvorschau zeigt das Arbeitsblatt als einzelne Seiten mit Inhalt an, um zu prüfen, wie eine Seite aussieht.

Zoom Schieberegler/Symbolleiste

Verwenden Sie den Schieberegler Zoom, der in der rechten unteren Ecke der Arbeitsmappe angezeigt wird, um eine Excel-Tabelle auf die gewünschte Größe zu vergrößern oder zu verkleinern.

Alles mit einem einzigen Klick auswählen

Um das gesamte Arbeitsblatt auszuwählen, klicken Sie auf die obere linke Ecke des gemeinsamen Bereichs (unter dem Namensfeld) der Spalten- und Zeilenüberschriften. Strg + A ist das Gleiche.

Gitternetzlinien

Die Rasterlinien sind eine Sammlung von horizontalen und vertikalen hellgrauen Linien in einem Arbeitsblatt.

Zelle

In der Tabellenkalkulationsumgebung von Microsoft Excel besteht eine Zelle aus der Schnittmenge von Zeilen und Spalten in einem Arbeitsblatt.

Handy Adresse

Der Spaltenbuchstabe kennzeichnet die Position einer Zelle, während die Zeilennummer die Zelladresse oder Referenz ist.

Aktive Zelle

Eine fettgedruckte Zelle mit einer schwarzen Umrandung ist eine aktive Zelle. Eine aktive Zelle ist eine unterscheidbare Markierung, die es Ihnen ermöglicht, Daten einzugeben und zu ändern.

Registerkarte Blatt/Aktives Blatt

Der Name der Blattregisterkarte ist fett gedruckt und wird in der linken unteren Ecke der Arbeitsmappe angezeigt, während ein ausgewähltes Arbeitsblatt gerade verwendet wird.

Reichweite der Zelle

Ein Zellbereich ist definiert als mehr als zwei horizontal oder vertikal ausgewählte Zellen in der Tabellenkalkulationsumgebung von Microsoft Excel.

Registerkarten auf Blättern

Blattregister sind die Namen der Blätter, die in der Tabellenkalkulationsumgebung von Microsoft Excel aus der unteren linken Ecke des Arbeitsblatts hervorgehen.

Registerkarte einfügen

Die Registerkarte Einfügen wird hauptsächlich zur Visualisierung von Daten verwendet. Mit Bildern, Diagrammen und 3D-Karten erwecken Sie Ihre Daten zum Leben. Die Pivot-Tabelle auf der Registerkarte Einfügen ist vielleicht alles, was Sie als Anfänger brauchen. Daher wechseln wir auf die Registerkarte Daten.

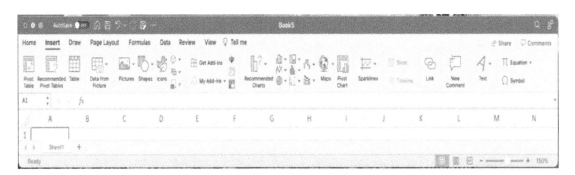

Seite Layout

Diese Registerkarte dient zum Einrichten und Drucken von Seiten. Sie steuert das Layout, die Ränder, die Ausrichtung und den Druckbereich des Arbeitsblatts.

Formeln

Auf dieser Registerkarte können Sie Funktionen eingeben, Variablen benennen und die Werte von Berechnungsparametern ändern. Sie ist für die Auswahl der Berechnungen zuständig.

Daten

Diese Registerkarte enthält Steuerelemente zur Bearbeitung von Arbeitsblattdaten und zur Verbindung mit anderen Datenquellen. Sie bietet Funktionen zum Sortieren, Filtern und Ändern von Daten.

Überprüfung

Diese Registerkarte bietet vor allem Funktionen zum Überprüfen von Zaubersprüchen, zum Dokumentieren von Änderungen, zum Anfertigen von Notizen und Kommentaren sowie zum Freigeben und Sichern von Arbeitsblättern in Excel-Arbeitsmappen.

Ansicht

Auf der Registerkarte Ansicht können Sie zwischen Arbeitsblättern wechseln, Excel-Arbeitsblätter anzeigen, Fenster blockieren und zahlreiche Fenster organisieren und verwalten.

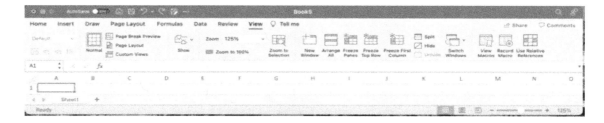

Hilfe

Diese Funktion ist nur in Microsoft Excel 2019 und 365 verfügbar. Diese Registerkarte öffnet den Aufgabenbereich Hilfe, über den Sie schnell den Microsoft Support kontaktieren, Feedback geben und Schulungsvideos ansehen können. In der Excel Multifunktionsleiste ist eine zusätzliche Registerkarte standardmäßig nicht zugänglich. Der Entwickler ist der Begriff dafür.

Sie können auf die Registerkarte Entwickler zugreifen, indem Sie die Registerkarte Datei wählen, dann zu Optionen gehen, "Angepasste Multifunktionsleiste" wählen, die Option Entwickler wählen, das Kästchen markieren und auf OK klicken.

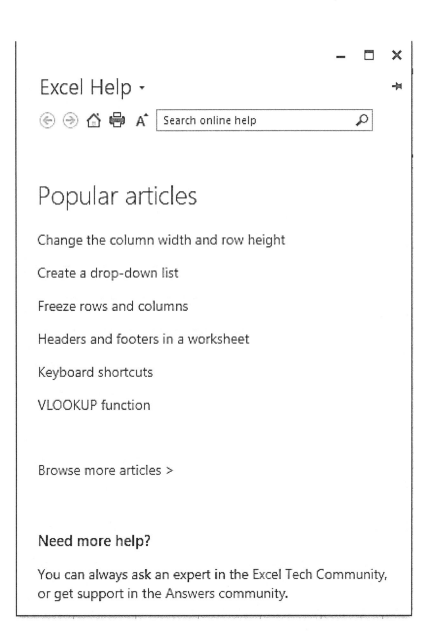

Excel Help ▾

Search online help

Popular articles

Change the column width and row height

Create a drop-down list

Freeze rows and columns

Headers and footers in a worksheet

Keyboard shortcuts

VLOOKUP function

Browse more articles >

Need more help?

You can always ask an expert in the Excel Tech Community, or get support in the Answers community.

Kapitel 4: Excel-Formeln

Es ist offensichtlich, dass für die meisten Marketingexperten der Versuch, Tabellen in MS Excel zu organisieren und zu analysieren, wie der Versuch gegen eine Mauer zu stoßen ist. Während Sie physisch Spalten neu erstellen und lange mathematische Formeln auf ein Blatt Papier kritzeln, denken Sie: "Es muss doch einen einfacheren Weg geben, dies zu tun."

Auf diese Weise kann Microsoft Excel wählerisch sein. Auf der einen Seite ist es ein hervorragendes Tool für die Analyse und Verfolgung von Marketingergebnissen. Auf der anderen Seite kann es sich leicht als nachteilig erweisen, wenn Sie nicht über die richtige Erfahrung verfügen. Microsoft Excel führt zum Beispiel ungefähr ein Dutzend wichtiger Formeln für Sie aus und erspart Ihnen das Durchforsten von Tausenden von Zellen auf Ihrem Schreibtisch.

4.1 Was ist eine Excel-Formel?

Sie können Microsoft Excel-Formeln verwenden, um Assoziationen zwischen Werten in den Zellen Ihrer Kalkulationstabelle zu erkennen, mathematische Berechnungen mit diesen Werten durchzuführen und das Ergebnis dann in die von Ihnen gewählte Zelle zu übertragen. Formeln wie Summe, Subtraktion, Verhältnis, Aggregat, Durchschnitt und Ereignisdaten/Zeiten können automatisch ausgeführt werden.

Mit den Formeln von Microsoft Excel können Sie Zahlen berechnen und große Datenmengen sinnvoll nutzen. Sie können in Microsoft Excel viel erreichen, wenn Sie ein paar wichtige Formeln beherrschen, mit denen erhöhen Sie die Produktivität und minimieren die Wahrscheinlichkeit von Messfehlern. Um Ihnen den Einstieg zu erleichtern, finden Sie hier eine Sammlung von Microsoft Excel-Formeln.

Es gibt ein paar komplizierte Formeln, aber eine gute Formel sollte das nicht sein. Tatsächlich sind einige der nützlichsten Formeln diejenigen, die Ihnen helfen, die Funktionen von Microsoft Excel vollständig zu nutzen.

Eine Formel in Excel ist ein Ausdruck, der mit Werten in einem Bereich von Zellen oder einer einzelnen Zelle arbeitet. Zum Beispiel berechnet =A1+A2+A3 die Summe der Werte der Zellen A1 bis A3.

4.2 Wie Sie in Microsoft Excel Formeln einfügen:

Sie sind sich vielleicht nicht sicher, was die Registerkarte "Formeln" in der oberen Navigationsleiste von Microsoft Excel bedeutet. In den aktuellen Versionen von Microsoft Excel hilft Ihnen, das horizontale Menü - wie unten zu sehen - beim Suchen und Einfügen von Microsoft Excel-Formeln in bestimmte Zellen in Ihrer Kalkulationstabelle.

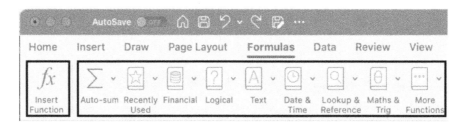

Je mehr Sie die Formeln in Microsoft Excel verwenden, desto schneller können Sie sie sich merken und von Hand ausführen. Nichtsdestotrotz können Sie die obigen Symbole als Referenz verwenden.

für Formeln, die Sie suchen und auf die Sie zurückgreifen können, wenn Ihre Tabellenkalkulationsfähigkeiten wachsen.

In Microsoft Excel werden Formeln manchmal auch als "Funktionen" bezeichnet. Um eine solche zu Ihrer Tabelle hinzuzufügen, wählen Sie eine Zelle, in der eine Formel benötigt wird, und tippen Sie auf die Schaltfläche "Funktion einfügen" ganz links, um nach grundlegenden Formeln und Funktionen zu suchen. Das Browserfenster sieht dann wie folgt aus:

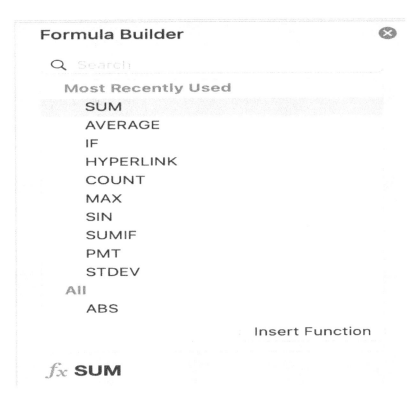

Wie im obigen Fenster zu sehen, klicken Sie auf "Funktion einfügen", bis Sie eine Formel finden, die Ihnen zusagt.

So fügen Sie die Formel mit der Einfachen Methode ein

Um eine Formel einzugeben, folgen Sie den nachstehenden Schritten.

1. Beginnen Sie mit der Auswahl einer Zelle, mit der Sie arbeiten möchten.

2. Um Excel mitzuteilen, dass Sie eine Formel eingeben möchten, verwenden Sie das Gleichheitszeichen (=).

3. Geben Sie als Beispiel die Formel A1+A2 ein.

4. Ändern Sie den Wert der Zelle A1 auf 3.

5. Excel aktualisiert den Wert der Spalte A3 automatisch.

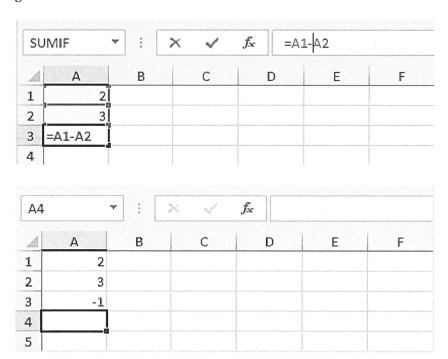

So ändern Sie eine Formel

Wenn Sie in Excel auf eine Zelle klicken, wird der Wert oder die Formel dieser Zelle in der Formelleiste angezeigt.

1. Klicken Sie auf die Formelleiste und nehmen Sie die gewünschten Änderungen vor, um eine Formel zu aktualisieren.

2. Drücken Sie die Eingabetaste auf Ihrer Tastatur.

Priorität des Betreibers

Die Standardreihenfolge, in der Excel-Berechnungen durchgeführt werden, ist konfiguriert. Es wird zuerst gerechnet, wenn ein Teil der Formel in Klammern enthalten ist. Danach werden Multiplikations- und Divisionsberechnungen durchgeführt. Wenn Sie fertig sind, addiert und subtrahiert Excel den Rest Ihrer Berechnung. Beachten Sie das Beispiel auf der rechten Seite.

A4	▼	⋮	×	✓	*fx*	=A1*A2+A3	

◢	A	B	C	D	E	F
1	2					
2	2					
3	1					
4	5					
5						

Zu Beginn multipliziert Excel die Werte (A1 * A2). Zu diesem Ergebnis addiert Excel dann den Wert der Spalte A3.

A4	▼	⋮	×	✓	*fx*	=A1*(A2+A3)	

◢	A	B	C	D	E	F
1	2					
2	2					
3	1					
4	6					
5						

Erstellen Sie eine Formel durch Kopieren und Einfügen

Wenn Sie eine Formel kopieren, ändert Excel automatisch die Zellbezüge für jede Zelle, in die die Formel kopiert wird. Um dies besser zu verstehen, führen Sie die unten aufgeführten Aufgaben durch.

1. Geben Sie in Zelle A4 die folgende Formel ein.

A4	▼	⋮	×	✓	*fx*	=A1*(A2+A3)	

◢	A	B	C	D	E	F
1	2	5				
2	2	6				
3	1	4				
4	6					
5						

2a. Klicken Sie mit der rechten Maustaste auf die Zelle A4 und wählen Sie dann Kopieren und Einfügen aus dem Menü 'Einfügeoptionen'.

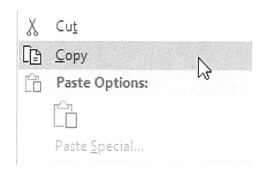

2b. Sie können die Formel in die Zelle B4 ziehen und dort ablegen. Sie wählen die Zelle A4, klicken auf ihre untere rechte Ecke und ziehen sie in die Zelle B4. Das ist viel weniger Arbeit und führt zum gleichen Ergebnis!

A4		:	×	✓	f_x	=A1*(A2+A3)	
	A	B	C	D	E	F	
1	2	5					
2	2	6					
3	1	4					
4	6						
5							

Ergebnis. In Zelle B4 bezieht sich die Formel auf die Zahlen in Spalte B.

B4		:	×	✓	f_x	=B1*(B2+B3)	
	A	B	C	D	E	F	
1	2	5					
2	2	6					
3	1	4					
4	6	50					
5							

Einfügen der Formel Einfügen einer Funktionstaste

Sie können weitere Excel-Funktionen nutzen, indem Sie den Befehl Funktion einfügen, in der Formelleiste (die mit dem FX) verwenden. Wenn Sie in Excel auf die Schaltfläche Funktion einfügen klicken, wird das Dialogfeld Funktion einfügen angezeigt. Dann können Sie die Optionen verwenden, um die gewünschte Funktion zu finden und auszuwählen und die Parameter oder Argumente anzugeben, die die Funktion für ihre Berechnungen benötigt. Jede Funktion hat die gleiche Struktur. Nehmen wir zum Beispiel SUMME (A1:A4). Der Name dieser Funktion ist SUMME. Der Teil innerhalb der Klammern (Argumente) zeigt an, dass wir Excel den Bereich A1:A4 zur Verfügung stellen. Diese Funktion wird verwendet, um die Zellen A1, A2, A3 und A4 zu summieren.

Um eine Funktion hinzuzufügen, folgen Sie den nachstehenden Schritten:

1. Wählen Sie eine Zelle.

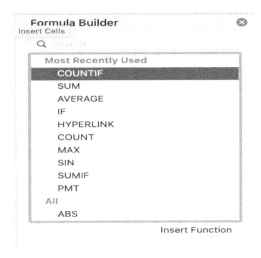

2. Wählen Sie aus der Dropdown-Liste die Option Funktion einfügen. Das Dialogfeld 'Funktion einfügen' wird angezeigt.

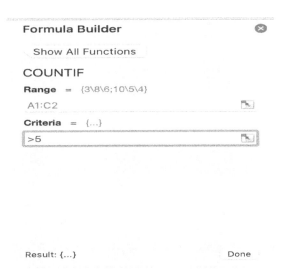

3. Suchen Sie nach einer Funktion oder wählen Sie eine aus einer Liste von Optionen. Wählen Sie zum Beispiel COUNTIF aus der Kategorie Statistisch.

4. Klicken Sie auf FUNKTION EINFÜGEN.

5. Das Dialogfeld 'Funktionsargumente' wird angezeigt.

6. Klicken Sie auf den Bereich A1:C2 im Feld Bereich, um ihn auszuwählen.

7. Geben Sie in das Feld Kriterien >5 ein und klicken Sie auf OK.

8. COUNTIF zählt die Anzahl der Zellen, die größer als fünf sind, in einer Zeile.

AutoSum-Option

Die AutoSum-Funktion ist ein nützliches Werkzeug für schnelle und routinemäßige Aufgaben. Wählen Sie also die Option AutoSum in der ganz rechten Ecke der Startseite. Dann legen Sie mit dem Mauszeiger weitere zuvor verborgene Formeln frei. Auf der Registerkarte Formeln sehen Sie diese Option ebenfalls.

4.3 Verwendung der gebräuchlichsten Formeln in Microsoft Excel

Wir haben eine Liste nützlicher Formeln, Tastenkombinationen und anderer praktischer Tools und Funktionen zusammengestellt, die Ihnen helfen, MS Excel optimal zu nutzen (und viel Zeit zu sparen).

Die Formeln in diesem Abschnitt sind für Microsoft Excel 2024. Einige der unten aufgeführten Funktionen befinden sich möglicherweise an einer anderen Stelle, wenn Sie eine frühere Version von MS Excel verwenden.

1. SUMME

Das Gleichheitszeichen = wird in allen Microsoft Excel-Formeln verwendet, zusammen mit einem Text-Tag, das die Formel ausdrückt, die Microsoft Excel ausführen soll.

In MS Excel ist die SUMME-Formel eine der am häufigsten verwendeten Formeln, um das Endergebnis der Addition von zwei oder mehr Zahlen in einem Arbeitsblatt zu ermitteln.

Um die Formel SUMME zu verwenden, geben Sie die Zahlen, die Sie addieren möchten, im Format =SUMME (Wert 1, Wert 2 usw.) ein.

In die Funktion SUMME können reale Zahlen oder der Wert einer bestimmten Zelle in Ihrer Kalkulationstabelle eingegeben werden.

Schreiben Sie die folgende Formel in eine Zelle, um die SUMME von 30 und 80 zu ermitteln, zum Beispiel =SUMME (40, 80). Wenn Sie auf "Enter" drücken, zeigt die Zelle die Summe der beiden Zahlen an: 120.

Schreiben Sie die folgende Formel in eine Zelle, um die Gesamtwerte in B2 und B11 zu erhalten, zum Beispiel =SUMME (B2, B11). Die Zelle berechnet die Summe der ganzen Zahlen in den Zellen B2 und B11, wenn Sie auf "Enter" drücken. Wenn keine der beiden Zellen Zahlen enthält, ergibt die Formel Null.

Denken Sie daran, dass Sie die kumulative Summe einer ganzzahligen Liste mit Microsoft Excel ermitteln können. Um die Gesamtzahlen in den Zellen B2 bis B11 zu ermitteln, verwenden Sie die Formel in einer Tabellenkalkulationszelle: =SUMME (B2:B11). In jeder Zelle steht ein Doppelpunkt anstelle eines Kommas. So könnte es in einer Microsoft Excel-Tabelle für einen Content Marketer aussehen:

	A	B
SUM		=SUM(B2:B11)

	A	B
1	**Source of leads**	**Leads generated**
2	Blog post 1	10
3	Blog post 2	4
4	Blog post 3	2
5	Blog post 4	11
6	Blog post 5	12
7	Blog post 6	6
8	Blog post 7	8
9	Blog post 8	17
10	Blog post 9	3
11	Blog post 10	8
12		=SUM(B2:B11)
13		

2. Der Durchschnitt

Einfache Datendurchschnitte, wie z.B. die durchschnittliche Anzahl der Aktionäre in einem bestimmten Aktionärspool sollten Ihnen bei der Verwendung der Funktion MITTELWERT in den Sinn kommen.

=AVERAGE (Zahl1, [Zahl2],)

	A	B
SUM		=AVERAGE(B2:B12)

	A	B
1	**Country**	**Population**
2	China	1,389,618,778
3	India	1,311,559,204
4	USA	331,883,986
5	Indonesia	264,935,824
6	Pakistan	210,797,836
7	Brazil	210,301,591
8	Nigeria	208,679,114
9	Bangladesh	161,062,905
10	Russia	141,944,641
11	Mexico	127,318,112
12	**Average**	=AVERAGE(B2:B12)
13		

3. ZÄHLEN

Mit der Aktion ZAEHLEN können Sie sich die Anzahl der Zellen anzeigen lassen, die in einem Bereich mit numerischen Werten enthalten sind.

=COUNT (Wert1, [Wert2],)

Beispiel:

ZAEHLEN (A: A) - Zählt alle numerischen Werte in Spalte A. Um Zeilen zu zählen, müssen Sie den Bereich innerhalb der Berechnung ändern.

COUNT (A1:C1) - Es kann jetzt Zeilen zählen.

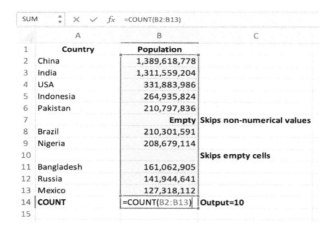

4. COUNTA

COUNTA zählt wie die Funktion COUNT alle Zellen in einem Bereich. Sie zählt jedoch alle Zellen, unabhängig von ihrer Art. Im Gegensatz zu COUNT, das nur numerisch zählt, summiert diese Funktion auch Datumsangaben, Zeitangaben, Zeichenketten, logische Werte, Fehler, leere Zeichenketten und Text.

=COUNTA (Wert1, [Wert2] ....und so weiter)

Beispiel:

COUNTA (C13:C2) Im Gegensatz zu COUNT können Sie jedoch nicht mit demselben Algorithmus Zeilen zählen. COUNTA (H2:C2) zum Beispiel zählt die Spalten C bis H, wenn Sie die Auswahl innerhalb der Klammern ändern.

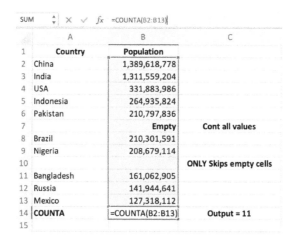

5. WENN

Die IF-Funktion wird häufig verwendet, wenn Sie Ihre Daten nach einer Reihe von Regeln sortieren. Das Schöne an der IF-Formel ist, dass sie Formeln und Funktionen enthält.

=IF(logischer Test, [Wert bei wahr], [Wert bei falsch])

Beispiel:

=IF(D3C2, 'TRUE,' 'FALSE') =IF(D3C2, 'TRUE,' 'FALSE') - Wenn der Wert in C3 kleiner ist als der Wert in D3, ist die Bedingung wahr. Wenn die Schlussfolgerung richtig ist, setzen Sie den Zellwert auf TRUE, andernfalls auf FALSE.

=IF(SUM(C10:C1) > SUM(D10:D1 - Ein kompliziertes IF-Logikbeispiel. Es addiert zuerst C1 bis C10 und D1 bis D10 und vergleicht dann die Ergebnisse. Wenn die Summe von C1 bis C10 die Summe von D1 bis D10 übersteigt, wird der Wert einer Zelle gleich C1 bis C10. Andernfalls wird die SUMME von C1 bis C10 berechnet.

	A	B	C	D
			IF=(B2>C2,TRUE,FALSE)	
1	Country	Population	Average Population	Greater than average?
2	China	1,389,618,778	435,810,199	TRUE
3	India	1,311,559,204	435,810,199	TRUE
4	USA	331,883,986	435,810,199	FALSE
5	Indonesia	264,935,824	435,810,199	FALSE
6	Pakistan	210,797,836	435,810,199	FALSE
7	Brazil	210,301,591	435,810,199	FALSE
8	Nigeria	208,679,114	435,810,199	FALSE
9	Bangladesh	161,062,905	435,810,199	FALSE
10	Russia	141,944,641	435,810,199	FALSE
11	Mexico	127,318,112	435,810,199	FALSE
12				

6. TRIM

Mit der TRIM-Funktion können Sie verhindern, dass unordentliche Bereiche Ihre täglichen Aktivitäten beeinträchtigen. Mit dieser Methode wird sichergestellt, dass es keine offenen Stellen gibt. Wenn TRIM verwendet wird, wirkt es sich nur auf eine einzelne Zelle aus und nicht auf andere Aktivitäten, die eine Gruppe von Zellen betreffen können. Daher hat es den Nachteil, dass es Daten auf Ihrem Arbeitsblatt reproduziert.

=TRIM(text)

Beispiel:

TRIM(A2) - extrahiert Leerzeichen aus dem Wert der Zelle A2.

	A	B	C
	B11	fx =TRIM(A2:A11)	
1	Raw data	TRIM	
2	China 2019	China 2019	
3	2020 India	2020 India	
4	USA 2021	USA 2021	
5	Indonesia 2022	Indonesia 2022	
6	Pakistan 2023	Pakistan 2023	
7	Brazil 2022	Brazil 2022	
8	Nigeria 2024	Nigeria 2024	
9	Bangladesh 2023	Bangladesh 2023	
10	Russia 2020	Russia 2020	
11	Mexico 2019	Mexico 2019	
12			

7. MAXIMUM UND MINIMUM

Die Maximal- und Minimalfunktionen (MAX und MIN) helfen Ihnen bei der Bestimmung der Maximal- und Minimalwerte innerhalb eines Wertebereichs.

MINIMUM

=MIN(wert1, [wert2],...)

Beispiel:

=MIN(C11:B2) - Findet den kleinsten Wert in beiden Spalten B und C zwischen Spalte B B2 und Spalte C, C2 bis Zeile 11.

MAXIMAL

=MAX(integer1, [interger2],...)

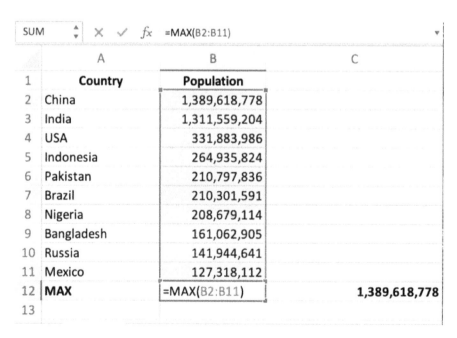

Beispiel:

=MAX(B2:C11) - Ermittelt in beiden Spalten B und C die größte Zahl zwischen Spalte B von B2 und Spalte C von C2 bis Zeile 11.

8. Prozentsatz

Geben Sie =A1/B1 in die Zellen ein, in denen Sie einen Prozentsatz finden möchten, um die Formel in Excel-Tabellen zu verwenden. Um eine Dezimalzahl in einen Prozentsatz umzuwandeln, markieren Sie die betreffende Zelle, gehen Sie auf die Registerkarte Start und wählen Sie im Menü Ziffern die Option "Prozentsatz".

Microsoft Excel verfügt zwar nicht über eine "Formel" für Prozentsätze, aber es macht es Ihnen leicht, den Wert einer beliebigen Zelle in einen %-Wert umzuwandeln, sodass Sie keine Zeit mit dem Messen und erneuten Eingeben der Zahlen verschwenden müssen.

Die besondere Option zum Konvertieren des Wertes einer Zelle in einen Prozentsatz finden Sie auf der Registerkarte Start von Microsoft Excel. Wählen Sie aus dem Dropdown-Menü neben dieser Spalte die Option Bedingte Formatierung und markieren Sie dann die Zelle(n), die Sie in eine Prozentzahl umwandeln möchten (auf dieser Registerkarte steht möglicherweise zuerst "Allgemein").

Wählen Sie dann aus dem angezeigten Dropdown-Menü die Option "Prozentsatz". Die Bedeutung jeder Zelle, die Sie markiert haben, wird in einen Prozentsatz umgewandelt. Sie finden sie ein wenig weiter unten auf der Seite.

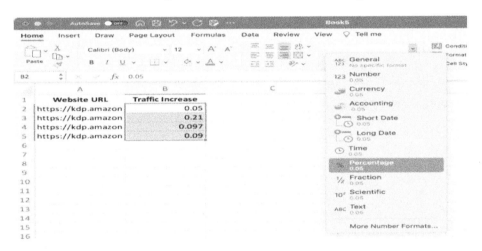

Denken Sie daran, dass die Ergebnisse standardmäßig auf Dezimalzahlen umgestellt werden, wenn Sie andere Formeln verwenden, um neue Zahlen zu erzeugen, z.B. die Divisionsformel (notiert =A1/B1). Bevor oder nachdem Sie diese Methode anwenden, markieren Sie die Zellen und ändern Sie das Format über die Registerkarte Start in "Prozent", wie oben gezeigt.

9. Subtraktion

Um den Subtraktionsalgorithmus in Microsoft Excel auszuführen, geben Sie die Zellen, die Sie subtrahieren möchten, im Format =SUMME (A1, -B1) ein. Sie können die SUMME-Formel zum Subtrahieren verwenden, indem Sie ein negatives Vorzeichen direkt vor die Zelle setzen, die Sie entfernen möchten. Wenn A1 beispielsweise 10 und B1 6 ist, ergibt =SUMME(A1, -B1) 4 anstelle von 10 + -6.

In MS Excel gibt es für das Subtrahieren einschließlich Brüche keine Formel, aber das bedeutet nicht, dass es nicht möglich ist. Es gibt zwei Methoden zum Entfernen bestimmter Werte (oder innerhalb von Zellen).

C2	f_x =SUM(B2-A2)		
	A	B	C
1	Value 1	Value 2	Results
2	75	85	10
3			

=SUMME wurde als Formel verwendet. Geben Sie im Layout =SUMME(A1, -B1) die Zellen ein, die Sie subtrahieren möchten, wobei das Minuszeichen (gekennzeichnet durch einen Bindestrich) direkt vor der Zelle steht, deren Wert Sie entfernen möchten. Geben Sie ein, um den Abstand zwischen den beiden in Klammern gesetzten Zellen zu ermitteln. Sehen Sie sich das obige Bild an, um einen Eindruck davon zu bekommen, wie das funktioniert.

Schreiben Sie in das Format =A1-B1. Um mehrere Werte voneinander zu subtrahieren, geben Sie ein Gleichheitszeichen, den ersten Wert oder die erste Zelle, einen Bindestrich und dann den zu subtrahierenden Wert ein. Drücken Sie Enter, um die Differenz zwischen den beiden Zahlen zu erhalten.

10. Multiplikation

Fügen Sie die Zellen für die Multiplikation im Microsoft Excel-Format =A1*B1 ein, um die Multiplikationsformel auszuführen. Diese Formel verwendet ein Sternchen, um Zelle A1 mit Zelle B1 zu multiplizieren. Wenn A1 zum Beispiel 10 und B1 6 ist, ist das Ergebnis von =A1*B1 60.

Sie könnten denken, dass das Multiplizieren von Werten in MS Excel eine Formel hat oder dass das "x"-Zeichen für mehrfach multiplizierte Werte steht.

Ein Sternchen - * - ist alles, was Sie brauchen.

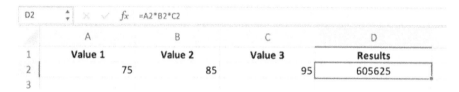

Markieren Sie eine leere Zelle in einer MS Excel-Tabelle, um zwei oder mehr Zahlen zu multiplizieren. Setzen Sie dann die Zahlen oder Zellen, die Sie multiplizieren möchten, im Format =A1*B1*C1... zusammen. Das Sternchen würde jede Bedeutung in der Berechnung verdoppeln.

Drücken Sie die Eingabetaste, um Ihren bevorzugten Artikel zurückzugeben. Um zu zeigen, wie das funktioniert, sehen Sie sich den Screenshot oben an.

11. Abteilung

In MS Excel setzen Sie =A1/B1 in die Zellen, die Sie teilen möchten, um die Divisionsformel zu verwenden. Ein Schrägstrich, "/" wird dabei verwendet

um Zelle A1 durch Zelle B1 zu teilen. Wenn zum Beispiel A1 gleich 5 und B1 gleich 10 ist, gibt =A1/B1 0,5 als Dezimalzahl zurück.

Die Division ist eine der grundlegendsten Funktionen in Microsoft Excel. Öffnen Sie dazu eine neue Zelle und schreiben Sie "=", gefolgt von den zwei (oder mehr) Werten, die Sie dividieren möchten, getrennt durch einen Vorwärtsstrich "/". Das Ergebnis sollte das Format =B2/A2 haben, wie in der folgenden Abbildung zu sehen.

Wenn Sie die Eingabetaste drücken, wird in der markierten Zelle der ausgewählte Quotient angezeigt.

12. DATE

Die MS Excel-DATUM-Formel lautet DATE =DATE (Jahr, Monat, Tag). Diese Formel liefert ein Datum, das mit den Daten in den Klammern und den Werten aus anderen Zellen übereinstimmt. Wenn A1 beispielsweise 2018, B1 7 und C1 11 ist, liefert =DATE(A1,B1,C1) den Wert 7/11/2018.

Manchmal kann es schwierig sein, Datumsangaben in die Zellen einer Microsoft Excel-Datenbank einzugeben. Zum Glück ist die Formatierung von Datumsangaben mit einer einfachen Formel ganz einfach. Diese Formel kann auf zwei verschiedene Arten verwendet werden:

Um ein Datum zu erstellen, verwenden Sie eine Reihe von Zellwerten. Markieren Sie eine leere Zelle, geben Sie "=DATUM" ein und setzen Sie dann die Werte der Zellen, aus denen sich das von Ihnen gewählte Datum zusammensetzt, in Klammern, beginnend mit der Jahreszahl, der Monatszahl und endend mit dem Tag. DATE= (Jahr, Monat, Tag). Um zu zeigen, wie das funktioniert, sehen Sie sich den folgenden Screenshot an.

Legen Sie automatisch ein Datum für heute fest. Wählen Sie eine leere Zelle und geben Sie =DATE(YEAR(TODAY()), MONTH(TODAY()), DAY(TODAY()) ein. Wenn Sie auf Enter klicken, wird das aktuellste Datum in Ihrer MS Excel-Tabelle angezeigt.

	A	B	C	D
	Year	Month	Day	Date
1				
2	2018	12	2	02/02/18
3	2018	2	18	18/02/18
4	2018	7	11	11/07/18
5				

D4   fx   =DATE(A4; B4; C4)

Gehen Sie davon aus, dass Ihr Microsoft Excel-Programm anders eingerichtet ist. Wenn Sie die Datumsformel in Microsoft Excel verwenden, muss das zurückgegebene Datum das Format "mm/dd/yy" haben.

Kapitel 5: Excel für Einsteiger

Die meisten Menschen möchten mit Excel so wenig wie möglich in Berührung kommen und es meiden wie den bösen Verwandten, den wir alle haben. Dennoch müssen Sie die Grundlagen von Excel beherrschen, um Dinge richtig und schnell zu erledigen, egal ob es sich um ein Unternehmensprojekt oder ein persönliches Budget handelt. Wir haben eine Liste mit den besten Excel-Tipps für Anfänger zusammengestellt, damit Sie das Programm einfach und optimal nutzen können.

5.1 Hinzufügen häufig verwendeter Aufgaben zur Symbolleiste für bequemen Zugriff

Wenn Sie sich in einer beliebigen Version von Excel umsehen, werden Sie feststellen, dass Ihnen eine fast unbegrenzte Anzahl von Tools zur Verfügung steht. Die meisten Neulinge nutzen jedoch nur eine Handvoll davon regelmäßig. Sie können Ihre Favoriten zur Schnellzugriffsleiste hinzufügen, anstatt jedes Mal zwischen den verschiedenen Registerkarten der Multifunktionsleiste zu blättern.

Microsoft bietet dafür verschiedene Möglichkeiten, aber die einfachste ist, mit der rechten Maustaste auf das Element zu klicken, das Sie hinzufügen möchten, und "Zur Schnellzugriffsleiste hinzufügen" zu wählen.

Sie können Ihre QAT-Verknüpfungen neu anordnen, nachdem Sie Ihre Favoriten hinzugefügt haben, indem Sie mit der rechten Maustaste darauf klicken und "Schnellzugriffsleiste anpassen..." aus dem Menü wählen. Mithilfe Ihrer personalisierten QAT werden Sie Ihre nächste Tabellenkalkulation mit Leichtigkeit durcharbeiten.

5.2 Datenfilterung

Wenn Sie mit großen Datenmengen arbeiten, bietet Microsoft unglaubliche Funktionen, die wohl zur wichtigsten Office-Anwendung auf dem Planeten geworden sind. Die Sortier- und Filterfunktionen von Excel sind das wichtigste Werkzeug für die Arbeit mit diesen Daten. Es ist sehr wertvoll, da es Ihnen hilft, Fakten effektiv zu organisieren und zusammenzufassen. Drücken Sie dazu die Tastenkombination Strg A, um alle Daten zu markieren, die Sie in den Filter einfügen möchten. Klicken Sie dann auf das Trichtersymbol in der oberen linken Ecke des Homepage-Ribbons.

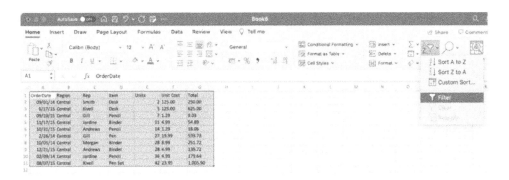

Über jeder Filterspalte befindet sich nun ein Pfeil zum Öffnen. Sie können die Tabelle sortieren, indem Sie verschiedene Werte in der Tabelle auswählen. Nehmen wir an, Sie möchten sehen, wie viele Bestellungen in einem bestimmten Zeitraum aufgegeben wurden. Verwenden Sie die Datumsspalte zum Filtern und wählen Sie den gewünschten Zeitraum aus.

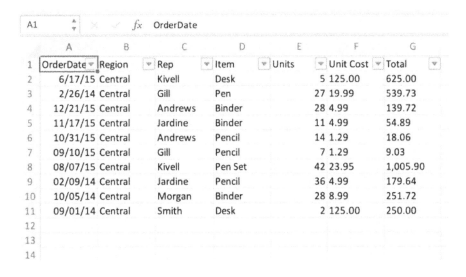

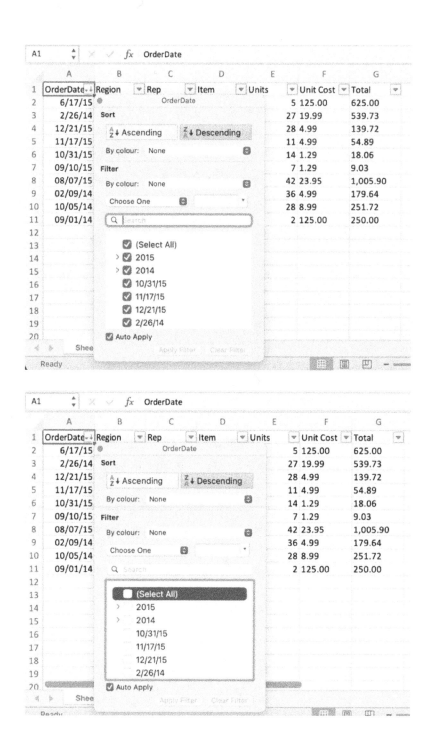

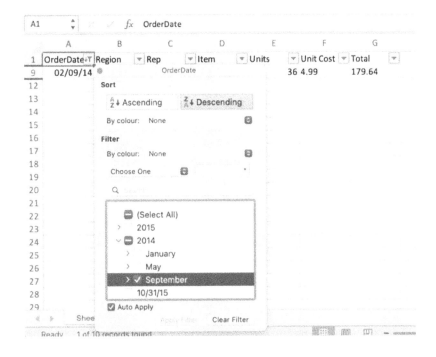

Drücken Sie ENTER

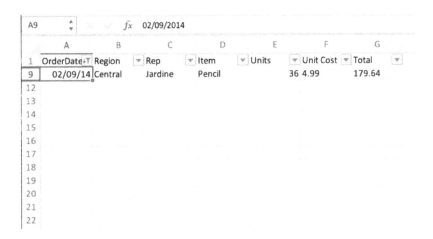

5.3 Dynamische Kopf- und Fußzeilen einbinden

Auch wenn es den Anschein hat, dass die Welt sich vom Papier wegbewegt, gibt es immer noch Fälle, in denen das Drucken notwendig ist. Das Hinzufügen von Seitenzahlen, Zeitstempeln und Dateispeicherorten in der Kopf- oder Fußzeile ist eine der besten Möglichkeiten, um aus Excel gedruckte Inhalte zu verfolgen. Sie können Formeln hinzufügen, die sich automatisch aktualisieren, sodass Sie diese Werte nicht jedes Mal ändern müssen, wenn Sie das Arbeitsblatt drucken. Ändern Sie zunächst die Excel-Ansicht, sodass die Kopf- und Fußzeile sichtbar sind.

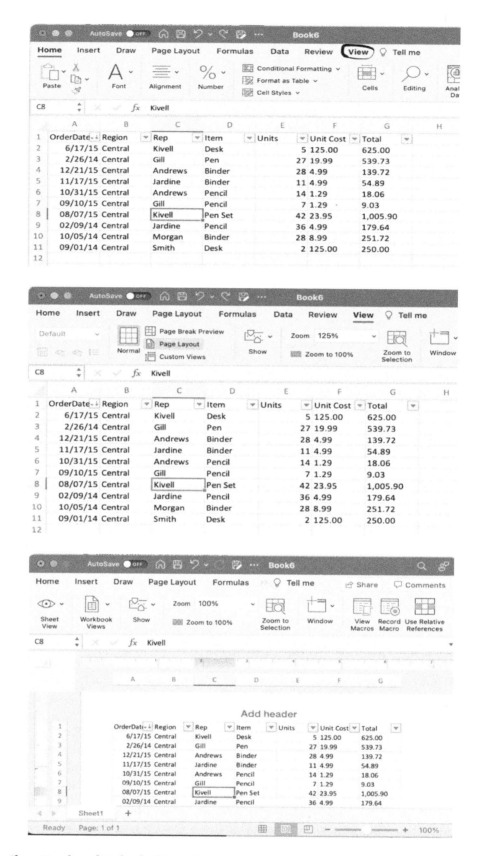

Fügen Sie dann in Ihrer Kopf- und Fußzeile diesen Text ein:

File name	&[File]
Sheet name	&[Tab]
Page number	&[Page]
Date	&[Date]

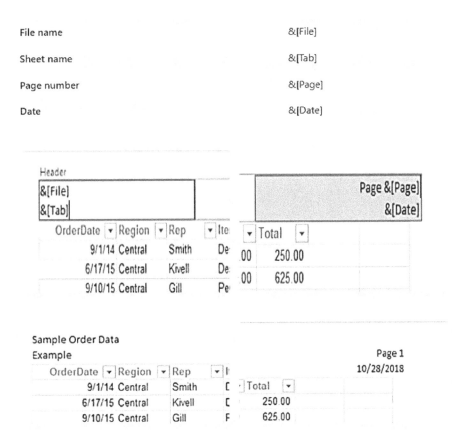

5.4 Definieren von Druckbereichen

Die Zuweisung von Tabellendruckbereichen, um zu ändern, was an den Rändern gedruckt wird, ist eine weitere zeitsparende Methode, nachdem Sie nun wissen, wie Sie die an den Rändern gedruckten Informationen automatisch aktualisieren können. Das Festlegen eines Druckbereichs ist eine großartige Möglichkeit, Zeit zu sparen, wenn Sie Strg P drücken, um Ihre gesamte Arbeit in einem Arbeitsblatt zu behalten, aber einen Teil ausdrucken möchten. Um den Druckbereich festzulegen, markieren Sie die Zellen, die Sie drucken möchten. Wählen Sie in der Multifunktionsleiste Seitenlayout unter Druckbereich die Option Druckbereich festlegen aus dem Dropdown-Menü.

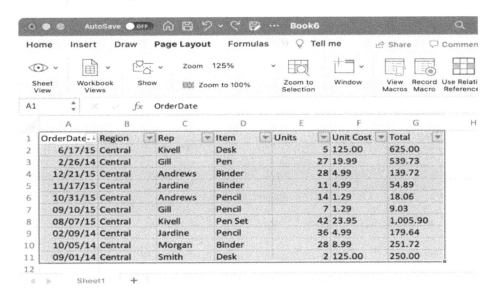

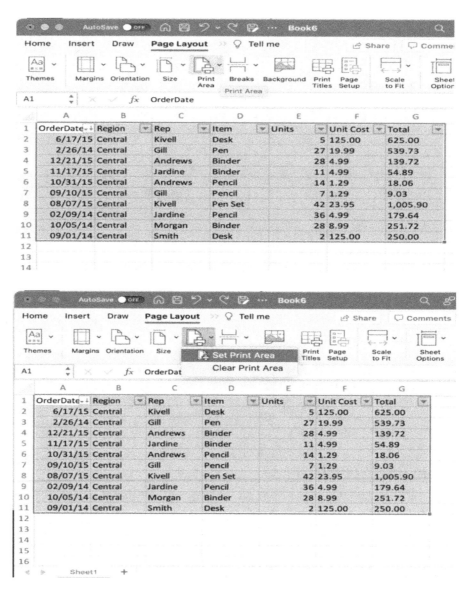

Die Option zum Löschen des Druckbereichs ist ebenfalls in das Dropdown-Menü eingefügt. Dies ist eine gute Option, wenn Sie Ihr Arbeitsblatt geändert haben und den Druckbereich erweitern möchten.

5.5 Einfügen der speziellen Optionen

Excel hat viele Möglichkeiten, Aufgaben zu erledigen. Nehmen Sie zum Beispiel die Funktionen zum Kopieren und Einfügen. Als ob Strg C und Strg V nicht schon genug wären, um das Kopieren zu erleichtern, hat Microsoft die Funktion Einfügen Spezial geschaffen. Und so geht's. Sie möchten etwas kopieren und einfügen, z.B. eine Zahl oder eine Form. Anstatt alles zu kopieren und zu löschen, was Sie nicht wollen, können Sie den Befehl Einfügen Spezial verwenden. Kopieren Sie die Daten wie gewohnt, aber anstatt Strg V zu drücken, klicken Sie mit der rechten Maustaste und wählen Sie Einfügen mit Betrag aus dem Menü.

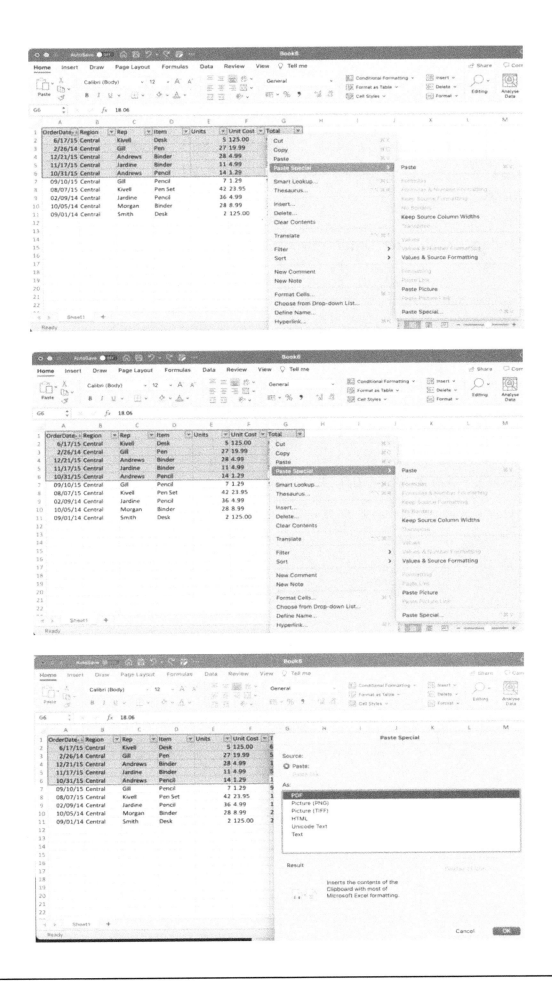

Hier sind einige der gängigsten Optionen Einfügen nach Menge:

Um den Text in Zellen einzufügen, wählen Sie Werte. Das Design wird dadurch in keiner Weise verändert.

Formeln: Sie möchten die Formel speichern, aber nicht das Format? Das können Sie mit Formeln erreichen.

Formate: Mit dieser Option können Sie Formate kopieren und dabei die aktuellen Werte und Formeln beibehalten.

Spaltenbreiten: Wenn alle Spalten die gleiche Breite haben müssen, spart diese Option viel Zeit bei der manuellen Bearbeitung der Spalten.

5.6 Ausblenden detaillierter Daten durch Gruppieren und Aufheben der Gruppierung von Spalten.

Viele Tabellen mit detaillierten und umfangreichen Informationen können schwer zu verstehen und auszuwerten sein.

Glücklicherweise macht es Excel einfach, komplizierte Details zu komprimieren und zu erweitern, wodurch der Bildschirm kompakter und lesbarer wird.

Ideale Arbeitsblätter für die Gruppierung in Excel haben Spaltenüberschriften, keine leeren Zeilen oder Spalten und Daten, die um mindestens eine Spalte verschoben sind. Markieren Sie alle Daten, die Sie zusammenfassen möchten, in der Gruppe.

Wählen Sie dann auf der Registerkarte Details die Option Zwischensumme. Es erscheint ein Pop-up-Fenster, in dem Sie auswählen können, wie die Daten organisiert und zusammengefasst werden sollen.

Wir haben das Abonnementjahr nach Änderungen kategorisiert und die Gesamtsumme im folgenden Beispiel berechnet. Es zeigt uns den Gesamtumsatz für das Jahr und den gesamten Zeitraum.

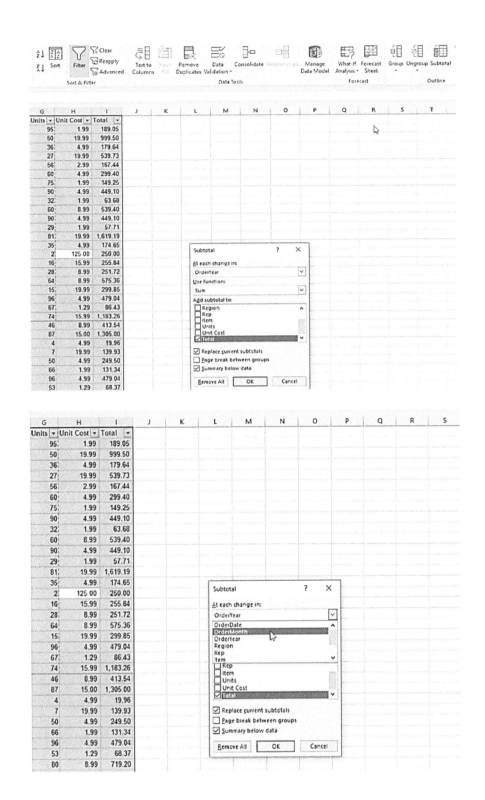

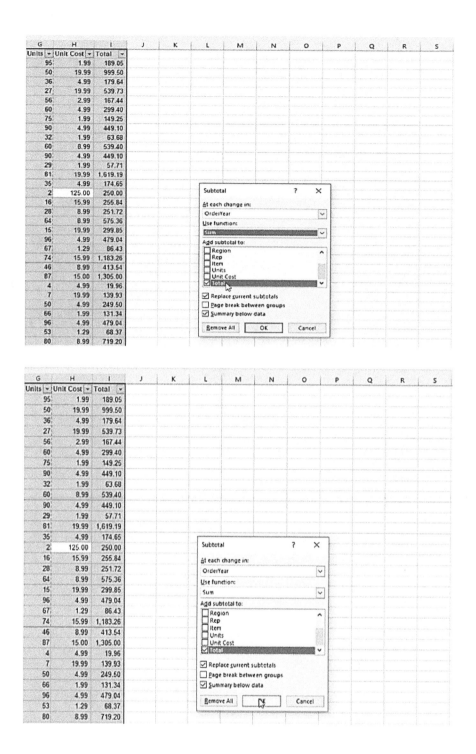

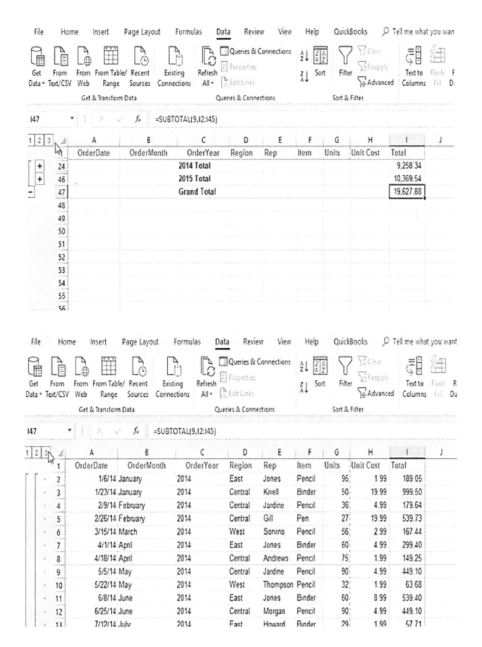

Sie können jetzt mit wenigen Klicks von nützlichen Zusammenfassungen zu präzisen Details auf demselben Arbeitsblatt wechseln.

5.7 Bewahren Sie die Unterlagen und das Arbeitsbuch sicher auf.

Wenn Sie eine Excel-Tabelle versenden, ist es wichtig, die von Ihnen bereitgestellten Informationen zu schützen. Sie können Ihre Informationen weitergeben, wenn Sie wollen, aber das bedeutet nicht, dass andere sie ändern dürfen. Glücklicherweise verfügt Excel über einen eingebauten Schutz, um Ihre Tabellenkalkulationen sicher zu halten.

Klicken Sie in der Multifunktionsleiste auf die Registerkarte Überprüfung und dann auf Blatt schützen, um das Blatt zu schützen. Es wird ein Pop-up-Fenster angezeigt, indem Sie ein Kennwort zum Entsperren eingeben können, um festzulegen, welche Funktionen Personen nutzen können, während das Blatt geschützt ist.

Nachdem Sie auf OK geklickt haben, müssen Sie das Passwort bestätigen und das Arbeitsblatt speichern. Wenn jemand versucht, die Informationen jetzt zu ändern, benötigt er dieses Kennwort. Um eine Gruppe von Blättern zu schützen, klicken Sie auf Arbeitsmappe schützen und folgen Sie denselben Anweisungen.

5.8 Suchen Sie nach Präzedenzfällen und abhängigen Formulierungen.

Haben Sie jemals eine Tabelle verwendet, die von jemand anderem erstellt wurde? Wenn Sie Formeln und Funktionen ändern müssen, aber nicht sicher sind, welche anderen Berechnungen irgendwie betroffen sind, verlieren Sie wertvolle Zeit, indem Sie ergebnislos durch die Tabelle blättern. Sie können nach dem Fehler suchen und wissen, woher die Daten stammen. Mit den Funktionen Trace Precedents und Trace Dependents macht Excel es Ihnen leicht zu sehen, welche Zellen von anderen abhängen und zu anderen beitragen. Beide Funktionen sind auf die Zelle beschränkt, die gerade aktiv ist. Daher kann immer nur eine Zelle auf einmal bearbeitet werden.

Um die blauen Pfeile zu erzeugen, müssen Sie die Schaltflächen Vorgänger verfolgen oder Abhängige verfolgen im Bereich Formelsteuerung der Seite Formeln verwenden. Dieses Diagramm zeigt einen Datenfluss, bei dem der blaue Punkt den Vorgänger darstellt, und der Pfeil symbolisiert die Abhängigkeit des Flusses. Die Abhängigkeiten für die Zelle E2 zeigen, dass sie nur in die Zelle G2 fließt.

Gemäß der Spurensicherung sind die Zellen E2 und F2 die isolierten Zellen, die zu Zelle I4 fließen.

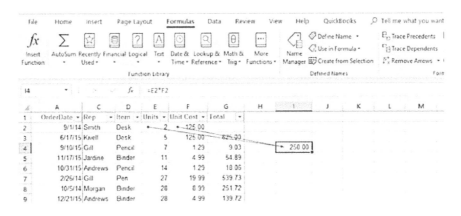

Diese Funktionen gelten für alle Registerkarten desselben Arbeitsblatts und für separate Arbeitsmappen, mit einer Ausnahme. Externe Links für Arbeitsmappen funktionieren nicht mit Trace Dependents, solange sie nicht geöffnet sind.

5.9 Validierung von Daten in Dropdown-Menüs von Zellen

Die Dropdown-Liste ist eine großartige Möglichkeit, Ihre Excel-Talente gegenüber Kollegen und Arbeitgebern zu zeigen. Gleichzeitig ist es eine äußerst benutzerfreundliche Technik, um sicherzustellen, dass maßgeschneiderte Excel-Tabellen korrekt funktionieren.

Dieses Tool wird verwendet, um ein Arbeitsblatt mit Daten zu füllen, die auf Kriterien basieren. Dropdown-Listen in Excel werden meist verwendet, um die Anzahl der für den Benutzer zugänglichen Optionen einzuschränken. Andererseits werden durch ein Dropdown-Menü Rechtschreibfehler vermieden und die Dateneingabe beschleunigt.

Außerdem können Sie damit einschränken, was in eine Zelle eingegeben werden darf. Daher ist sie ideal für die Überprüfung von Eingaben. Gehen Sie zunächst zur Multifunktionsleiste und wählen Sie Daten und Datenüberprüfung.

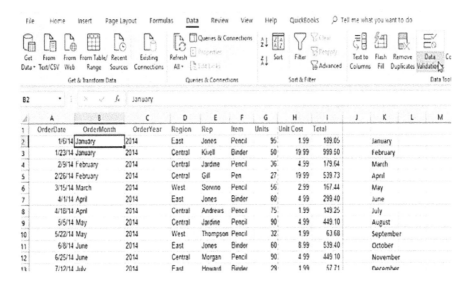

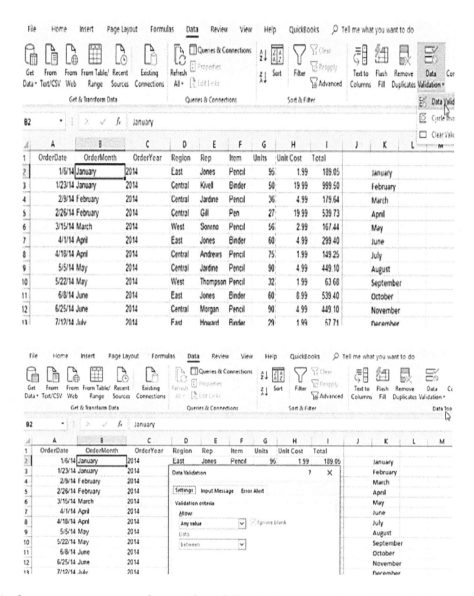

Danach wählen Sie Ihre Parameter. Um OrderMonth zu füllen, haben wir die Monate des Jahres verwendet.

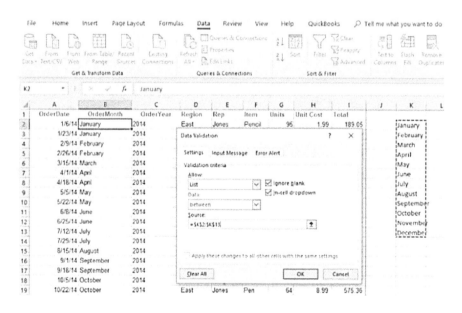

Nachdem Sie auf Ok geklickt haben, wählen Sie aus der Liste aus, indem Sie auf den Dropdown-Pfeil neben der Zelle klicken.

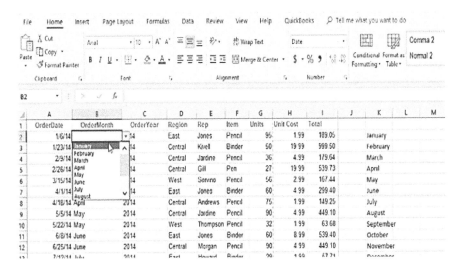

Beachten Sie, das Sie eine Zelle, die Sie einmal eingerichtet haben, kopieren und in die anderen Zellen darunter einfügen können.

5.10 Text-zu-Spalte

Haben Sie schon einmal Daten in Excel benötigt, aber es gab zusätzliche Informationen in diesen Zellen, die Ihre Berechnungen nicht verarbeiten konnten? Einige komplizierte Algorithmen können Ihnen zwar dabei helfen, Ihren Text in neue Spalten aufzuteilen, aber sie können sehr viel Zeit in Anspruch nehmen. Text in Spalten ist ein schneller Ansatz, um dies aufzuteilen, da er alle ausgewählten Zellen gleichzeitig trennt und die Ergebnisse in separate Spalten stellt.

Text in Spalten ist in zwei verschiedenen Modi verfügbar: mit fester Breite und mit Begrenzung. Begrenzt teilt den Text je nach Text auf, z. B. bei jedem Komma, Tabulator oder Leerzeichen, während die feste Breite den Text je nach Text aufteilt, z. B. bei jedem Komma, Tabulator oder Leerzeichen.

Lassen Sie uns zum Beispiel einen abgegrenzten Text in Spalten verwenden, um Cents aus unserer Gesamtspalte zu entfernen.

Um Text in Spalten zu verwenden, markieren Sie Ihre Daten und klicken auf die Schaltfläche Text in Spalten in der Multifunktionsleiste Daten. Sie können dann zwischen den Optionen mit fester Breite und mit eingeschränkter Breite wählen.

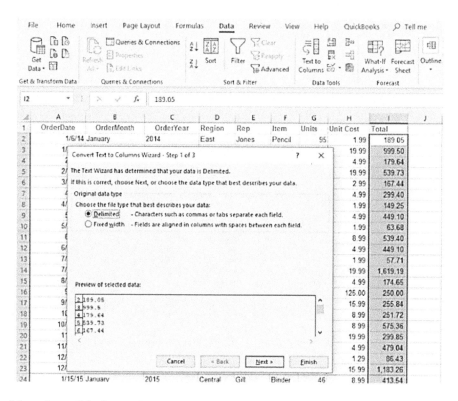

Legen Sie auf dem folgenden Bildschirm Ihre Trennungskriterien fest. In unserem Beispiel haben wir den Zeitraum verwendet.

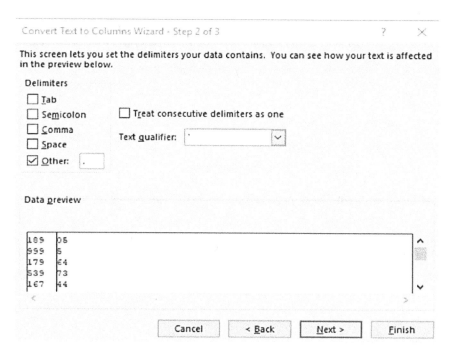

Sie können Teile auslassen und die Formatierung auf dem Endbildschirm anpassen. In Zukunft wird diese Aktion zeitsparend sein. Klicken Sie anschließend auf Fertig stellen.

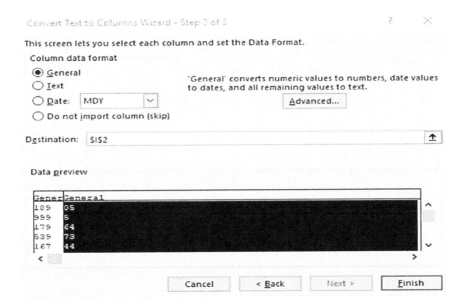

Endlich, die Ergebnisse! Alle Centbeträge wurden in die rechte Spalte eingetragen.

I	J	K	L
Total			
189.00	5		
999.00	5		
179.00	64		
539.00	73		
167.00	44		
299.00	4		
149.00	25		
449.00	1		
63.00	68		
539.00	4		
449.00	1		
57.00	71		

5.11 Einfache Diagramme erstellen

Die Umwandlung Ihrer Excel-Ergebnisse in andere ist eine der effektivsten Strategien, um Ihre Fähigkeiten zu verbessern. Excel leistet hervorragende Arbeit bei der automatischen Erstellung von Grafiken, Bildern und Diagrammen, die den Endbenutzern helfen, ihre Daten zu sehen und auszudrücken. Lassen Sie uns ein einfaches Diagramm mit unseren Verkaufsdaten als Beispiel erstellen.

Ihre unabhängigen (Datum) und abhängigen (Ergebnisse) Variablen werden verwendet, um ein einfaches Diagramm zu erstellen. Wir haben OrderDate und Total aus den Dropdown-Menüs unten ausgewählt.

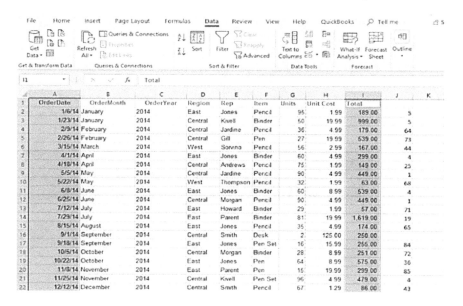

Alle Diagrammoptionen sind verfügbar, wenn Sie in der Multifunktionsleiste auf Einfügen klicken. Und Liniendiagramme zeigen in diesem Beispiel den Gesamtumsatz für jeden Tag an.

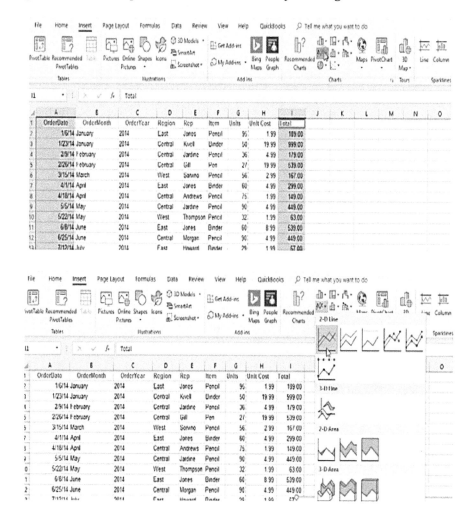

Excel macht das Erstellen von Diagrammen so einfach, dass der Titel in den Ergebnissen enthalten ist! Bei der nächsten Gelegenheit werden Sie in der Lage sein, auf Anhieb ein einfaches Diagramm zu erstellen.

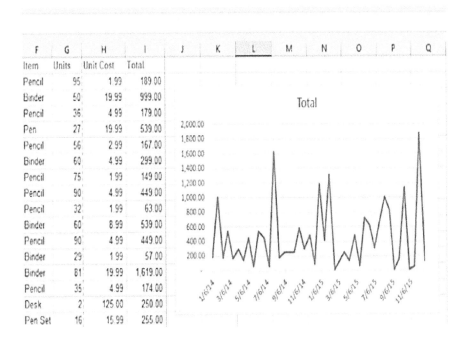

Kapitel 6: Excel für fortgeschrittene Benutzer

6.1 Mittlere Kenntnisse

Sobald Sie die Grundlagen beherrschen, müssen Sie die mittleren Excel-Fähigkeiten erlernen. Im Wesentlichen bieten diese Fähigkeiten Möglichkeiten und Wege, Daten effektiv zu verwalten und zu verarbeiten.

1. Gehen Sie zum Abschnitt Spezial.

Mit der Option ZUR SPEZIFISCHEN Tabelle gehen können Sie eine bestimmte Zelle oder einen bestimmten Bereich von Zellen durchsuchen. Sie müssen die Registerkarte Suche bearbeiten auf der Registerkarte Start öffnen und Gehe zu Erweitert wählen, um sie zu verwenden.

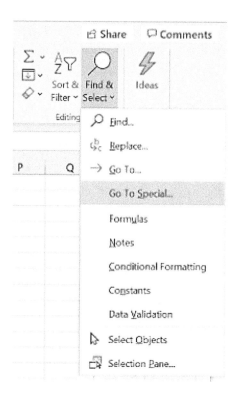

Wie Sie sehen können, gibt es mehrere Möglichkeiten, verschiedene Zellen auszuwählen und zu verwenden.

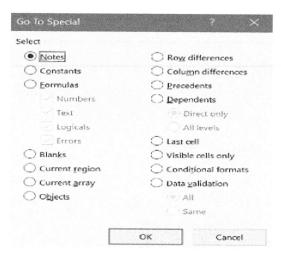

Wählen Sie z.B. für leere Zellen die Option Leer und klicken Sie auf OK, und alle leeren Zellen werden schnell ausgewählt.

Wenn Sie Zellen mit Formeln auswählen und Zahlen zurückgeben möchten, müssen Sie zunächst die Formeln und dann die Zahlen auswählen und auf OK klicken.

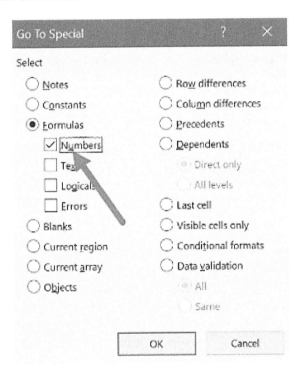

2. Pivot-Tabelle

Eine der effektivsten Methoden zur Datenauswertung sind Pivot-Tabellen. Eine Übersichtstabelle kann aus einer großen Datenquelle erstellt werden. Führen Sie die folgenden Schritte aus, um eine Pivot-Tabelle zu erstellen:

Gehen Sie auf die Registerkarte Einfügen und wählen Sie die Option Pivot-Tabelle.

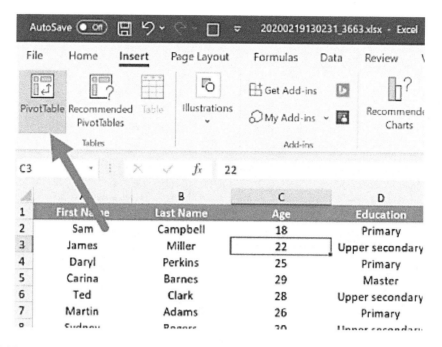

Es wird ein Dialogfeld angezeigt, indem Sie die Quelldaten auswählen können. Da Sie die Daten jedoch bereits ausgewählt haben, wird der Bereich automatisch übernommen.

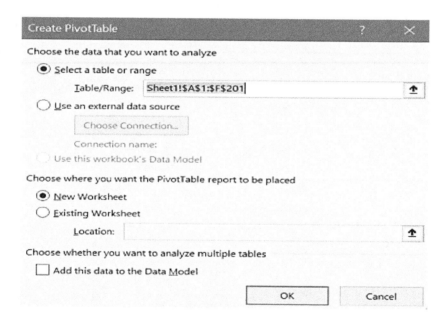

Wenn Sie auf OK klicken, wird eine Seitenleiste mit dem gleichen Aussehen wie unten angezeigt, in die Sie die Zeilen, Spalten und **Werte der Pivot-Tabelle** ziehen und ablegen können. **Schreiben Sie** nun die Wörter "Alter" in die Zeilen, "Bildung" in die **Spalte** und "Vorname" in die Werte, **um** die Tabelle zu vervollständigen.

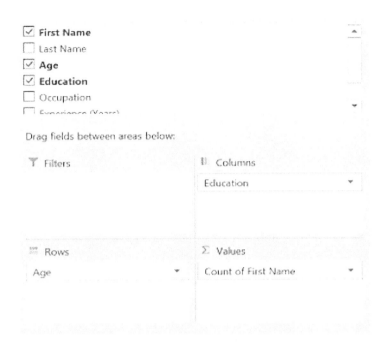

Nachdem Sie Ihre Auswahl getroffen haben, erhalten Sie ein Pivot-Diagramm ähnlich der folgenden Abbildung.

Count of First Name	Column Labels						
Row Labels	Bachelor	Doctoral	Lower secondary	Master	Primary	Upper secondary	Grand Total
18	1	4	4	4	2	2	17
19	1	2	3	1	5		12
20	4	1	1	4	2	3	15
21	3	2	1	3	2	5	16
22	4	3	4	6	1	2	20
23	1		2			3	6
24		4	1	3	3	1	12
25	3	3	1	5	5	1	18
26	4	2	5	1	3	2	17
27	2	3	2	2	4	6	19
28	4	2	3	2	7	3	21
29	4	3	1	3	1	2	14
30	3	1	3	2		4	13
Grand Total	34	30	31	36	35	34	200

3. Benannter Bereich

Eine Zelle oder ein Zellbereich mit Namen wird als benannter Bereich bezeichnet. Jede Zelle in Excel hat eine eindeutige Adresse, die die Zeile und die Spalte miteinander verbindet.

In einem benannten Bereich hingegen können Sie dieser Zelle oder diesem Zellbereich einen bestimmten (allgemeinen) Namen geben und dann auf diesen Namen verweisen.

Stellen Sie sich vor, Sie haben eine Steuer in Zelle A1. Anstatt eine Referenz zu verwenden, können Sie sie jetzt benennen und in allen Berechnungen verwenden. Um einen benannten Bereich zu erstellen, gehen Sie auf die Registerkarte Formel und wählen Sie Namen definieren. Name definieren.

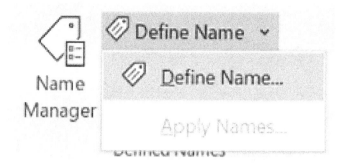

- Name der Region.
- Sie können diesen Bereich in einer Arbeitsmappe oder nur in einer Tabellenkalkulation verwenden.
- Wenn Sie Daten hinzufügen möchten, tun Sie dies bitte in den Kommentaren.
- Dann gibt es noch die Adresse der Zelle oder des Bereichs.

Wenn Sie auf OK klicken, gibt Excel der Zelle A1 diesen Namen und Sie können in Berechnungen auf diese

Zelle verweisen.

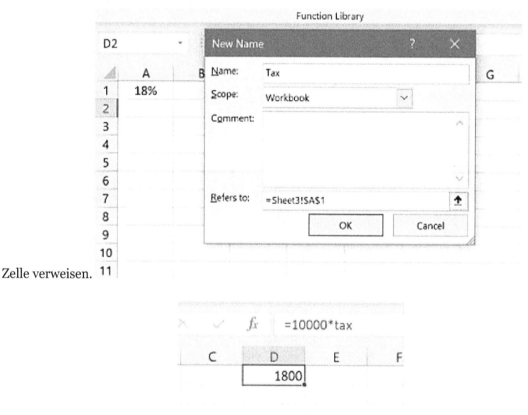

Sie können einen benannten Bereich für einen Bereich von Zellen auf ähnliche Weise erstellen und dann in Formeln darauf verweisen.

4. Drop-Down-Listen

Eine Dropdown-Liste ist eine vordefinierte Liste von Werten, die eine schnelle Eingabe von Daten ermöglicht. Um ein Dropdown-Menü zu erstellen, gehen Sie auf die Registerkarte Daten. Daten. Daten. Datenüberprüfung. Datenüberprüfung.

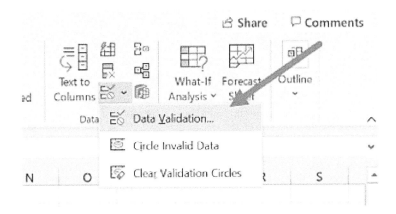

Wählen Sie im Dialogfeld Datenüberprüfung die Option Liste aus der Zulässigkeitsliste und wählen Sie den Bereich, aus dem Sie Werte in das Quellfeld übernehmen möchten (Sie können auch direkt Werte in das Quelleingabefeld eingeben).

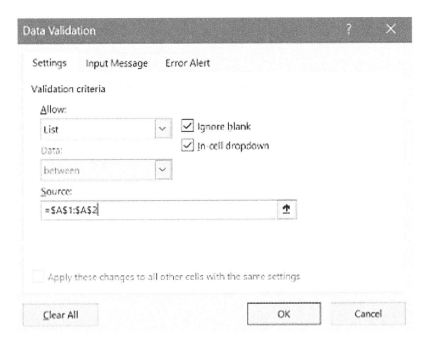

Drücken Sie schließlich OK.

Wenn Sie zu der Zelle zurückkehren, erscheint ein Dropdown-Menü, in dem Sie den Wert auswählen können, den Sie in die Zelle eingeben möchten.

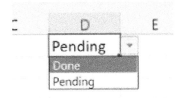

5. Bedingte Formatierung

Das Grundkonzept der bedingten Formatierung besteht darin, Bedingungen und Formeln für die Formatierung anzuwenden, und das Beste daran ist, dass mehr als 20 Optionen mit einem Klick verfügbar sind.

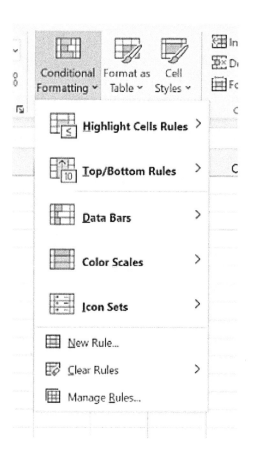

Wenn Sie z.B. alle doppelten Werte in einem Bereich von Zellen markieren möchten, müssen Sie auf die Registerkarte Start gehen und die Option Bedingte Formatierung Regeln markieren doppelte Werte wählen.

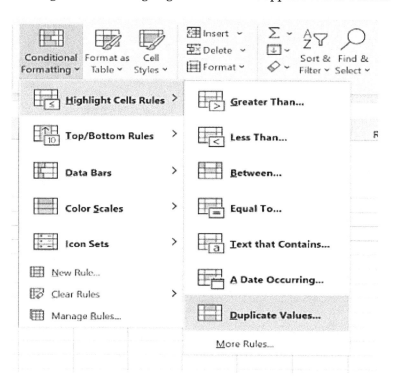

Darüber hinaus können Sie Informationsleisten, Farboptionen und Symbole verwenden.

6. Schaltfläche "Idee

Wenn Sie Office 365 verwenden, können Sie die neue Schaltfläche Ideen von Microsoft nutzen, die Ihnen bei der schnellen Analyse von Daten hilft, indem sie andere Möglichkeiten zur Erstellung vorschlägt:

Diagramm der Häufigkeitsverteilung

Pivot-Tabellen

Trend-Charts

Wählen Sie Daten aus und klicken Sie auf eine Idee. Schaltfläche auf der Startseite, um eine Idee zu erstellen.

Es analysiert die Daten innerhalb von Sekunden, bevor es Ihnen die wahrscheinlichen Ergebnisse der Auswahl präsentiert.

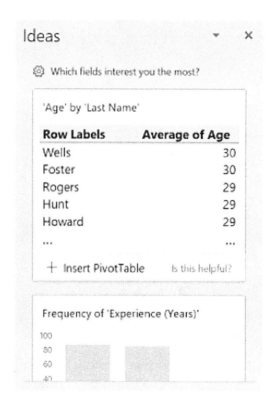

7. Verwendung von Sparklines

Sparklines sind kleine Diagramme, die auf der Grundlage eines Datensatzes in eine Zelle eingefügt werden können. Um eine Sparkline hinzuzufügen, gehen Sie auf die Registerkarte Einfügen und wählen Sie Sparklines.

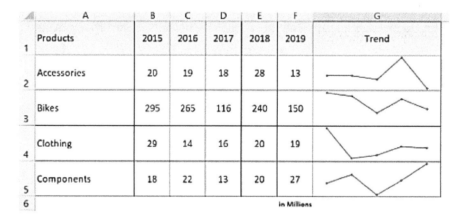

Sie können drei verschiedene Leuchtlinien in einer Zelle verwenden.

Linie

Reihe

Säule

Sieg-Niederlage

Wenn Sie auf die Schaltfläche Abfunken klicken, werden Sie in einem Dialogfeld aufgefordert, den Abfunkdatenbereich und den Zielbereich auszuwählen.

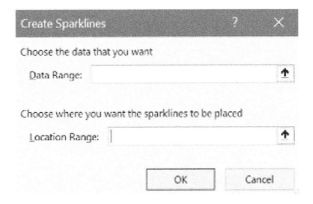

Außerdem können Sie auf der Registerkarte Sparkline die Sparkline anpassen, indem Sie ihre Farbe ändern, Beschriftungen hinzufügen und vieles mehr.

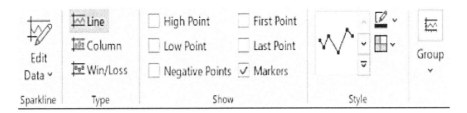

8. Text in Spalte

Mit der Option Text in Spalte können Sie eine Spalte mithilfe eines Trennzeichens in mehrere Spalten aufteilen. Dies ist eine effektive Methode zum Bereinigen und Konvertieren von Daten. Die folgende Tabelle enthält eine Spalte mit Namen und Leerzeichen zwischen Vor- und Nachnamen.

First Name
Darby Mcnutt
Luke Pedro
Angele Westgate
Micheal Marquez
Milly Shill
Dona Enders
Emely Outler
Sandy Guild
Yuette Jaggers
Farah Matzke
Ardella Grasty
Weston Balli
Shameka Symonds
Annalisa Mcgovern
Classie Font
Elene Havel

Wenn Sie Text in einer Spalte und ein Leerzeichen als Trennzeichen verwenden, können Sie diese Spalte in zwei Namen (Vor- und Nachname) aufteilen. Gehen Sie zunächst auf die Registerkarte Details und wählen Sie die Spalte Text.

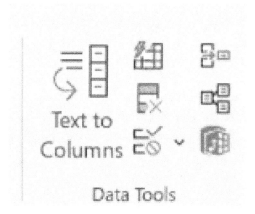

Wählen Sie nun das Trennzeichen aus dem Dialogfeld und drücken Sie auf Weiter.

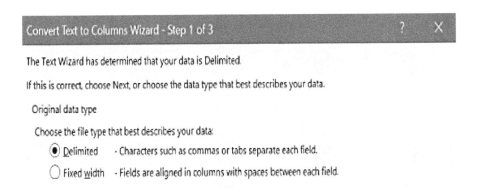

Markieren Sie dann die Stelle mit einem Häkchen. Wie Sie sehen können, wurden die Daten in der Spalte durch ein Leerzeichen getrennt.

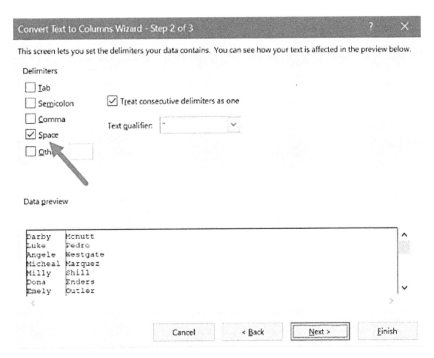

Klicken Sie abschließend auf Weiter und beenden Sie den Vorgang, um ihn abzuschließen.

Wenn Sie auf die Schaltfläche Fertig stellen klicken, wird eine Spalte mit dem vollständigen Namen in zwei Spalten aufgeteilt.

	A	B
1	**First Name**	**Last Name**
2	Darby	Mcnutt
3	Luke	Pedro
4	Angele	Westgate
5	Micheal	Marquez
6	Milly	Shill
7	Dona	Enders
8	Emely	Outler
9	Sandy	Guild
10	Yuette	Jaggers
11	Farah	Matzke
12	Ardella	Grasty

9. Werkzeug für schnelle Analysen

Wie der Name schon sagt, ermöglicht Ihnen das Kurzanalyse-Tool die Auswertung von Daten mit nur einem oder zwei Klicks. Es bietet bestimmte vorausgewählte Optionen, die Ihnen bei der Analyse und Präsentation der Daten helfen. Wenn Sie die Daten eines Schülers zusammen mit seiner Punktzahl auswählen, erscheint unten auf dem Bildschirm ein kleines Symbol, die Schaltfläche Kurzanalyse-Tool.

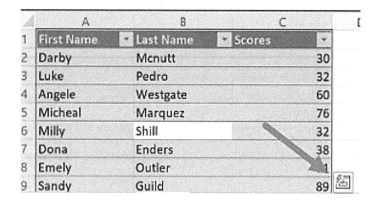

Wenn Sie darauf klicken, erscheinen einige Registerkarten, aus denen Sie Alternativen auswählen können. Schauen wir uns nun jede Registerkarte einzeln an.

Formatierung: Auf dieser Registerkarte können Sie bedingte Formatierungen auf die ausgewählte Tabelle anwenden, z. B. Datenbalken, Farbskalen, Symbolsätze und andere Regeln.

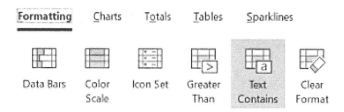

Diagramme: Auf dieser Seite werden einige der vorgeschlagenen Diagramme angezeigt, die Sie mit den von Ihnen ausgewählten Daten verwenden können. Sie können auch auf weitere Diagramme klicken, um ein bestimmtes Diagramm auszuwählen.

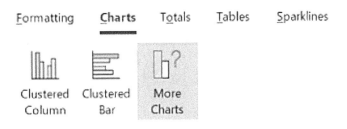

Recommended Charts help you visualize data.

Summe: Auf dieser Seite können Sie schnell einige der grundlegenden Berechnungen hinzufügen, wie z.B. die durchschnittliche Anzahl, die laufende Summe und vieles mehr.

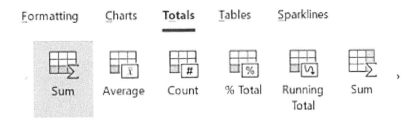

Formulas automatically calculate totals for you.

Tabelle: Auf dieser Registerkarte können Sie eine Pivot-Tabelle mit den angegebenen Daten einfügen und eine Excel-Tabelle anwenden.

Tables help you sort, filter, and summarize data.

Sparklines: Auf dieser Registerkarte können Sie Sparklines hinzufügen, das sind kleine Diagramme, die Sie innerhalb einer Zelle erstellen können.

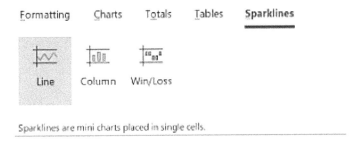

Sparklines are mini charts placed in single cells.

6.2 Excel-Tastenkombinationen

1. Wählen Sie schnell Zeilen, Spalten oder das gesamte Arbeitsblatt aus.

Vielleicht stehen Sie unter Zeitdruck. Wer tut das schließlich nicht? Kein Problem, wenn Sie nicht viel Zeit haben. Mit nur einem Klick können Sie Ihr gesamtes Arbeitsblatt auswählen. Um alles in Ihrem Dokument gleichzeitig zu markieren, klicken Sie auf die Registerkarte in der oberen linken Ecke.

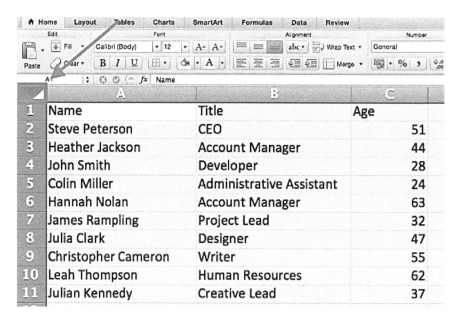

Möchten Sie alles in einer bestimmten Spalte oder Zeile auswählen? Mit diesen Abkürzungen ist das ganz einfach:

Für Macintosh:

Befehl + Umschalt + Nach unten/oben = Spalte auswählen

Befehl + Umschalt + Rechts/Links + Zeile auswählen

Für den PC:

Steuerung + Umschalttaste + Nach unten/oben = Spalte auswählen

Strg + Umschalt + Rechts/Links = Zeile auswählen

Diese Abkürzung ist sehr nützlich, wenn Sie mit großen Datensätzen zu tun haben, aber nur einen kleinen Teil davon auswählen müssen.

	A	B	C
1	Name	Title	Age
2	Steve Peterson	CEO	51
3	Heather Jackson	Account Manager	44
4	John Smith	Developer	28
5	Colin Miller	Administrative Assistant	24
6	Hannah Nolan	Account Manager	63
7	James Rampling	Project Lead	32
8	Julia Clark	Designer	47
9	Christopher Cameron	Writer	55
10	Leah Thompson	Human Resources	62
11	Julian Kennedy	Creative Lead	37

2. Öffnen, schließen oder erstellen Sie schnell ein Arbeitsblatt.

Sie müssen eine Arbeitsmappe schnell öffnen, schließen oder erstellen? Mit den unten aufgeführten Tastenkombinationen können Sie jeden der oben genannten Vorgänge in weniger als einer Minute erledigen.

Für MAC

Zum Öffnen = Befehl + O

Zum Öffnen = Befehl + O

Für Neues Dokument: Befehl + N

Auf einem PC

Zum Öffnen = Steuerung + O

Schließen = Steuerung + F4

Steuerung + N = Neues Dokument erstellen

3. Rechnen Sie Ihre Zahlen in Währungen um.

Haben Sie unverarbeitete Daten, die Sie in Geld umwandeln möchten? Die Antwort ist ganz einfach: Gehaltszahlen, Marketingbudgets oder Ticketverkäufe für Veranstaltungen. Drücken Sie Strg + Umschalt + $ und wählen Sie die Zellen aus, die Sie umformatieren möchten.

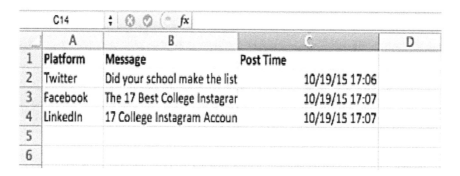

Beachten Sie, dass diese Abkürzung auch mit Prozentzahlen funktioniert. Ersetzen Sie "$" durch "Prozent", wenn Sie eine Spalte mit numerischen Werten als "%"-Zahlen markieren möchten.

4. Füllen Sie eine Zelle mit dem aktuellen Datum und der Uhrzeit aus.

Vielleicht möchten Sie Ihrem Arbeitsblatt einen Stempel hinzufügen, wenn Sie Beiträge in sozialen Medien dokumentieren oder Aktivitäten auf Ihrer To-Do-Liste abhaken möchten. Wählen Sie zunächst die Zelle aus, zu der diese Informationen hinzugefügt werden sollen.

Führen Sie dann einen der folgenden Schritte aus, je nachdem, was Sie einfügen möchten:

Strg + ; (Semikolon) zum Einfügen des aktuellen Datums

Strg + Shift + ; (Semikolon) zum Einfügen der aktuellen Uhrzeit

Control + ; (Semikolon), SPACE und dann Control + Shift +;, um das aktuelle Datum und die Uhrzeit einzufügen.

6.3 Excel-Tricks

1. Ändern Sie die Farbe der Registerkarten.

Angenommen, Sie haben viele verschiedene Seiten in einem Dokument - was bei den Besten von uns vorkommt - dann codieren Sie die Registerkarten farblich, damit Sie leichter finden, wo Sie hinmüssen. Sie könnten z.B. die Marketingberichte des letzten Monats rot und die von diesem Monat orange einfärben.

Um die Farbe der Registerkarte zu ändern, klicken Sie mit der rechten Maustaste darauf und wählen Sie "Registerfarbe". Es wird ein Pop-up-Fenster angezeigt, indem Sie eine Farbe aus einem vorhandenen Design auswählen oder eine Farbe entwerfen können, die Ihren speziellen Anforderungen entspricht.

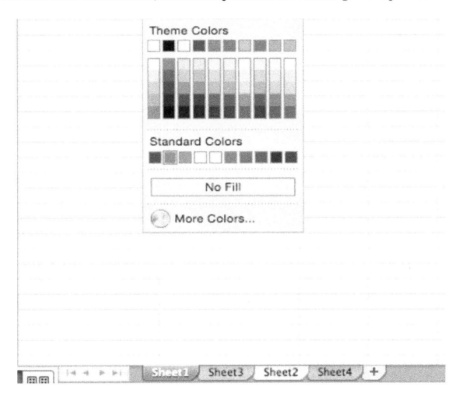

2. Machen Sie eine Notiz in einer Zelle.

Wenn Sie eine Notiz schreiben oder eine Bemerkung zu einer bestimmten Zelle in einem Arbeitsblatt hinzufügen möchten, klicken Sie mit der rechten Maustaste auf die gewünschte Zelle und wählen Sie im Menü Kommentar einfügen. Geben Sie ihn in den Textbereich ein und klicken Sie außerhalb des Kommentarfeldes, um Ihren Kommentar zu speichern.

In der Ecke von Zellen, die Kommentare enthalten, ist ein kleines rotes Dreieck zu sehen. Können Sie mit dem Mauszeiger über die Bemerkung fahren, um sie zu sehen?

B	C	D	E
Company	Rank		
Tempdex	4		
Unatam	7		
Aceplex	2		
Kinzone	6		
Zamhotnix	9		
Movesailron	1	Carly Stec: Great Job, James!!	
Planettech	10		
Treetech	5		
Zimit	8		
Silgreen	3		

3. Duplizieren und kopieren Sie die Formatierung.

Wenn Sie schon einmal Zeit damit verbracht haben, ein Blatt zu Ihrer Zufriedenheit zu formatieren, werden Sie mir zustimmen, dass dies nicht gerade eine angenehme Erfahrung ist. Es ist eher ermüdend.

Daher ist es unwahrscheinlich, dass Sie den Vorgang beim nächsten Mal wiederholen wollen oder müssen. Sie können die Formatierung von einem Arbeitsblattbereich auf einen anderen übertragen, indem Sie den Format Painter von Excel verwenden.

Wählen Sie aus, was Sie duplizieren möchten, gehen Sie dann zum Dashboard und wählen Sie die Option Format Painter (das Pinselsymbol). Wie unten gezeigt, verwandelt sich der Cursor in einen Pinsel und Sie werden aufgefordert, den Aufruf, den Text oder das gesamte Arbeitsblatt auszuwählen, auf das Sie die Formatierung anwenden möchten. 1. Wählen Sie das Druckformat.

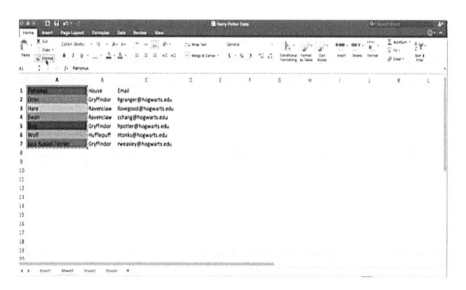

2. Ein neues Blatt hinzufügen

3. Auswählen und einfügen

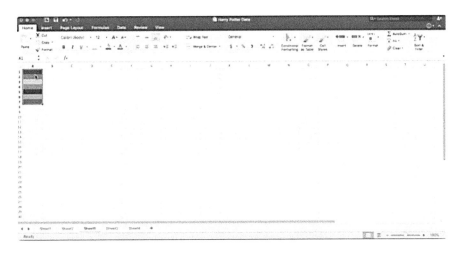

4. Suchen Sie nach Werten, die doppelt vorhanden sind.

Doppelte Werte können wie doppelte Inhalte für SEO in vielen Fällen problematisch sein, wenn sie nicht kontrolliert werden. Unter bestimmten Umständen müssen Sie sich dessen jedoch nur bewusst sein.

Wie dem auch sei, es ist ganz einfach, alle doppelten Werte in Ihrer Kalkulationstabelle zu finden, indem Sie ein paar einfache Schritte befolgen. Wählen Sie dazu Zellregeln hervorheben > Doppelte Werte aus dem Menü Bedingte Formatierung.

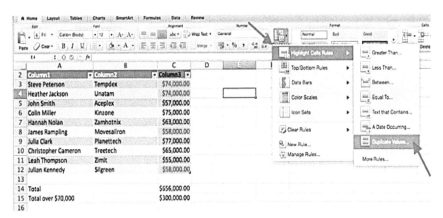

Erstellen Sie eine Formatierungsregel, um dasselbe Material zu beschreiben, das Sie mit dem Popup hervorbringen möchten.

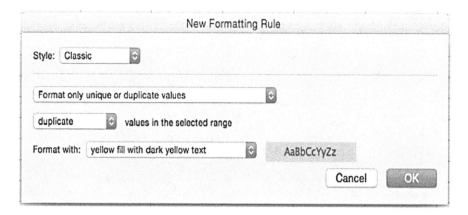

Im obigen Beispiel haben wir die doppelten Zellen gelb formatiert, um die gleichen Löhne innerhalb des angegebenen Bereichs anzuzeigen.

Excel ist im Marketing oft unvermeidlich, aber diese Tipps müssen nicht einschüchternd sein. Übung macht den Meister, wie man so schön sagt. Diese Formeln, Abkürzungen und Methoden werden Ihnen zur zweiten Natur, je öfter Sie sie anwenden.

Kapitel 7: Excel für fortgeschrittene Benutzer

7.1 Fortgeschrittene Excel-Formeln und -Funktionen

Excel bietet eine Fülle von praktischen Verwendungsmöglichkeiten; die einfache Form wird von 95% der Benutzer verwendet. Es gibt Funktionen und erweiterte Excel-Formeln für anspruchsvolle Berechnungen, die eingesetzt werden können. Die Funktionen sind dazu gedacht, das Durchsuchen und Aufbereiten einer großen Datenmenge zu vereinfachen, während die erweiterte Excel-Formel dazu dient, neue Informationen aus einer bestimmten Datensammlung zu extrahieren.

1. VLOOKUP

Die Funktion wird verwendet, um ein bestimmtes Stück Daten in einem großen Datenpaket zu finden und es in Ihre neu erstellte Tabelle zu ziehen. Es ist ratsam, den Funktionsbereich aufzurufen. Sie können 'VLOOKUP' in die Registerkarte 'Funktion einfügen' eingeben oder in der Liste nachsehen. Sobald Sie die Funktion ausgewählt haben, öffnet sich ein Assistent mit einer neuen Reihe von Auswahlmöglichkeiten.

D1	f_x =VLOOKUP("*"&C1&"*",Table7,2,FALSE)		
	A	B	C	D
1	License key	License name	ABCD	Jeremy Hill
2	37UX-KZG9-2RKA-JSRW	David White		
3	60LK-ZYGF-ND7T-PPTT	Ronnie Anderson		
4	TFDJ-VGD7-5T24-KT8K	Tom Boone		
5	AIRC-35FN-VB7W-GGTJ	Sally Brooke		
6	0VZM-ABCD-TTLB-Y1DL	Jeremy Hill		
7	RV2M-33OI-ULHB-Z7SO	Robert Furlan		
8	VOM2-T6PP-U44C-6J96	Mattias Waldau		
9	U3FV-CC3A-DB90-MSU9	Dan Brown		
10	9RM2-TJXO-2CIT-5PWO	Lilly Smith		
11	BRKC-GEWN-5EW1-VHMK	Matt White		
12	EEKG-EBPH-PU2A-HJ0E	Robert Acey		

Sie können Ihre Variablen in die folgenden Felder eingeben:

Wert nachschlagen

Dies ist die Option, bei der Ihre eingegebenen Variablen Informationen in den Zellen der größeren Tabelle suchen.

Array von Tabellen

Sie gibt die Größe der Tabelle an, aus der die Daten extrahiert werden sollen. Er bestimmt den Umfang der Daten, die Sie auswählen möchten.

Spaltenindex num

In diesem Befehlsfeld wird die Spalte angegeben, aus der die Daten geholt werden müssen.

Bereichssuche

Sie können in dieses Feld entweder wahr oder falsch eingeben. Wenn nichts mit den Variablen übereinstimmt, wird die richtige Option Daten sammeln, die dem am nächsten kommen, was Sie suchen. Wenn Sie false eingeben, erhalten Sie entweder die genaue Zahl, nach der Sie suchen, oder es wird #N/A angezeigt, wenn die Daten nicht abgerufen werden können.

2. INDEX MATCH

Formel

=INDEX(E9:C3,MATCH(C3,B13:C9,0),MATCH(B14,E3:C3,0))

Es handelt sich um eine anspruchsvollere Version der VLOOKUP- und HLOOKUP-Formeln (mit einigen Nachteilen und Einschränkungen). INDEX MATCH ist eine starke Excel-Formelkombination, mit der Sie Ihre Finanzanalyse und -modellierung verbessern können.

INDEX ist eine Tabellenfunktion, die den Wert einer Zelle in Abhängigkeit von der Spalten- und Zeilennummer zurückgibt.

MATCH gibt die Zeilen- oder Spaltenposition einer Zelle zurück.

Hier ist ein Beispiel für die Kombination der Formeln INDEX und MATCH. In diesem Beispiel suchen wir nach der Größe einer Person und geben sie in Abhängigkeit von ihrem Namen zurück. Wir können den Namen und die Größe in der Berechnung ändern, da beides Variablen sind.

So verwenden Sie INDEX

Die Namen, Größen und Gewichte der Teilnehmer sind unten aufgeführt. Wir möchten Kevins Größe mithilfe der INDEX-Formel abfragen… Hier sehen Sie ein Beispiel, wie Sie das machen können.

Gehen Sie wie folgt vor:

1. Schreiben Sie "=INDEX(", wählen Sie dann den Tabellenbereich aus und fügen Sie ein Komma hinzu.

2. Geben Sie Kevins Zeilennummer ein, "4", gefolgt von einem Komma.

3. Schließen Sie die Klammer, nachdem Sie die Nummer der Höhenspalte "2" eingegeben haben.

4. "5,8" ist das Ergebnis.

So verwenden Sie MATCH

Nehmen wir das gleiche Beispiel wie zuvor und verwenden wir MATCH, um zu ermitteln, in welche Zeile Kevin gehört.

Gehen Sie wie folgt vor:

Verknüpfen Sie sich mit der Zelle "Kevin", dem Namen, den wir genau ausfindig machen möchten, indem Sie "=MATCH(" eingeben und sich mit der Zelle "Kevin", dem Namen, den wir nachschlagen möchten, verknüpfen.

Alle Zellen in der Spalte Name (einschließlich der Überschrift "Name") sollten markiert sein.

Für eine genaue Übereinstimmung geben Sie "0" ein.

Folglich sitzt Kevin in Reihe "4".

	A	B	C	D	E	F
1						
2			1	2	3	
3		1	Name	Height	Weight	
4		2	Sally	6.2	185	
5		3	Tom	5.9	170	
6		4	Kevin	5.8	175	
7		5	Amanda	5.5	145	
8		6	Carl	6.1	210	
9		7	Ned	6.0	180	
10						
11						
12			5.8			
13		Kevin	=MATCH(B13,C3:C9,0)			
14						

Um herauszufinden, in welcher Spalte Höhe steht, verwenden Sie erneut MATCH.

Gehen Sie wie folgt vor:

Verknüpfen Sie mit der Zelle "Höhe" das Kriterium, das wir beobachten möchten, indem Sie "=MATCH(" eingeben und mit der Zelle verknüpfen, die "Höhe" enthält das Kriterium, das wir nachschlagen möchten.

Markieren Sie alle Zellen in der obersten Zeile der Tabelle.

Für eine genaue Übereinstimmung geben Sie "0" ein.

Infolgedessen erscheint die Höhe in Spalte "2".

	A	B	C	D	E	F
2			1	2	3	
3		1	Name	Height	Weight	
4		2	Sally	6.2	185	
5		3	Tom	5.9	170	
6		4	Kevin	5.8	175	
7		5	Amanda	5.5	145	
8		6	Carl	6.1	210	
9		7	Ned	6.0	180	
10						
11						
12			5.8			
13		Kevin		4		
14		Height	=match(B14,C3:E3,0)			

Kombinieren Sie MATCH und INDEX

Wir können nun die beiden MATCH Formeln verwenden, um die "4" und die "2" in der ursprünglichen INDEX Berechnung zu ersetzen. Am Ende haben Sie eine INDEX MATCH Formel.

Gehen Sie wie folgt vor:

Kevins MATCH-Formel sollte gestrichen und die "4" ersetzt werden.

Ersetzen Sie die "2" in der MATCH-Formel für die Höhe durch sie.

Kevins Körpergröße wird mit "5,8" angegeben.

Sie haben erfolgreich eine dynamische INDEX MATCH Formel erstellt!

	A	B	C	D	E	F	G
2			1	2	3		
3		1	Name	Height	Weight		
4		2	Sally	6.2	185		
5		3	Tom	5.9	170		
6		4	Kevin	5.8	175		
7		5	Amanda	5.5	145		
8		6	Carl	6.1	210		
9		7	Ned	6.0	180		
10							
11							
12			=INDEX(C3:E9,MATCH(B13,C3:C9,0),MATCH(B14,C3:E3,0))				
13		Kevin					
14		Height					

3. SUMIF

In Excel ist die Funktion SUMIF nützlich, um alle Zahlen in einem Zellbereich gemäß einer bestimmten Bedingung zu addieren (z.B. ist gleich 2000).

SUMIF ist eine integrierte Excel-Funktion, die auch als Arbeitsblattfunktion verwendet werden kann.

| F1 | ▼ | : | × | ✓ | f_x | =SUMIF(A2:A6, D2, C2:C6) |

	A	B	C	D	E	F	G
1	Year	Date	Value	**Criteria**		218.6	
2	2000	8/1/2000	10.5	2000			
3	2003	5/12/2003	7.2				
4	2000	3/12/2000	200				
5	2001	7/30/2001	5.4				
6	2000	2/28/2000	8.1				

Beispiel

Um benannte Bereiche anzuzeigen, gehen Sie zum oberen Rand der Symbolleiste des Bildschirms und wählen Sie die Registerkarte Formeln. Wählen Sie Namensmanager aus dem Dropdown-Menü Definierte Namen in der Gruppe Definierte Namen.

Das Fenster des Namensmanagers sollte nun erscheinen.

4. RUNDOWN

In Microsoft Excel gibt die Funktion ROUNDDOWN einen Wert zurück, der auf eine bestimmte Anzahl von Werten abgerundet ist.

Die Funktion ROUNDDOWN ist eine Zahlenfunktion, die in Excel integriert ist.

Die Syntax lautet: ROUNDDOWN (Zahl, Ziffern)

Beispiel:

| C1 | ▼ | | f_x | =ROUNDDOWN(A1, 0) |

	A	B	C	D	E	F	G
1	662.79		662				
2	54.1						
3							
4							
5							
6							

ABRUNDEN (A1, 0)

Das Ergebnis ist 662

5. ROUNDUP

In Microsoft Excel erzeugt die Funktion ROUNDUP eine Zahl, die auf eine bestimmte Anzahl von Werten aufgerundet wird.

Die Funktion ROUNDUP in Excel ist eine integrierte Funktion, die als Zahlenfunktion klassifiziert ist.

Die Syntax lautet ROUNDUP(Zahl, Ziffern)

Beispiel:

	A	B	C	D	E	F	G
			C1		fx	=ROUNDUP(A1, 0)	
1	662.79		663				
2	54.1						
3							
4							
5							
6							

ROUNDUP(A1, 0)

Das Ergebnis ist 663

6. SUMPRODUCT

In Microsoft Excel multipliziert die Funktion SUMPRODUCT die Elemente in den Arrays und gibt die Summe zurück. SUMPRODUCT ist eine in Excel integrierte Funktion, die als Zahlenfunktion kategorisiert ist.

Die Syntax lautet SUMPRODUCT(array1, [array2, ... array_n])

Beispiel:

	A	B	C	D	E
	A1		= 1		
1	1	2		5	6
2	3	4		7	8
3					
4					
5					
6					

=SUMMENPRODUKT(A1:B2, D1:E2)

Ergebnis ist 70

7. TEXT

In Microsoft Excel liefert die Funktion TEXT ein Ergebnis, das in einem bestimmten Format in Text umgewandelt wird. Die TEXT-Funktion ist eine integrierte Textfunktion in Excel. In einer Arbeitsblattzelle kann die TEXT-Funktion als Teil einer Formel verwendet werden.

Die Syntax lautet TEXT (Wert, Format)

Beispiel:

	A	B	C	D	E	F	G
1	7678.868		12-Dec-03		$7,678.87		
2	123.65						
3							
4							
5							
6							

E1 =TEXT(A1, "$#,##0.00")

Auf der Grundlage der obigen Excel-Datei würden die folgenden TEXT-Beispiele zurückgegeben werden:

=TEXT(A1, "$#,##0.00")

Die endgültige Summe beträgt 7.678,87 $.

8. UND

Die Funktion AND in Microsoft Excel gibt TRUE zurück, wenn alle Kriterien wahr sind. Sie gibt FALSE zurück, wenn eines der Kriterien falsch ist. Die AND-Funktion ist eine logische Funktion, die in Excel integriert ist.

Die Syntax lautet AND (Bedingung1, [Bedingung2], …)

Beispiel:

	A	B	C	D	E	F
1	30			TRUE		
2	www.techonthenet.com					
3						
4						
5						
6						

D1 =AND(A1>10, A1<40)

Die Excel-Tabelle von oben zeigt, dass die folgenden UND-Muster zurückgegeben werden würden:

=UND(A1>10, A1>40)

Das Ergebnis ist TRUE.

9. WENN

Die WENN-Funktion in Microsoft Excel liefert einen Wert, wenn die Bedingung WAHR ist, und einen anderen Wert, wenn die Bedingung FALSCH ist. Die WENN-Funktion ist eine logische Funktion, die in Excel integriert ist.

Die Syntax lautet IF(Bedingung, Wert wenn wahr, [Wert wenn falsch])

Beispiel:

	A	B	C	D	E	F
E2	▼	:	× ✓	f_x	=IF(B2<10, "Reorder", "")	

⊿	A	B	C	D	E	F
1	Item	Quantity		IF Result	IF Result (with ELSE)	
2	Apples	7		Reorder	Reorder	
3	Oranges	30		FALSE		
4	Bananas	21		FALSE		
5	Grapes	3		Reorder	Reorder	
6						

=IF(B210, "Neu bestellen", "") =IF(B210, "Neu bestellen", "") =

"Neu ordnen" ist das Ergebnis.

10. ZÄHLEN

In Microsoft Excel gibt Ihnen die Funktion ZAEHLEN Auskunft über die Anzahl der Zellen, die Zahlen enthalten und die Anzahl der Eingaben die Zahlen enthalten. Die Funktion COUNT ist eine in Excel integrierte Statistik-/Zählfunktion.

Die Syntax lautet COUNT [argument2,... argument n])

Beispiel:

C1	▼		f_x	=COUNT(A1:A6)		

⊿	A	B	C	D	E	F
1	www.techonthenet.com		3			
2	32					
3						
4	123abc					
5	89					
6	-12					

=COUNT (A1:A6)

Das Endergebnis ist 3.

11. COUNTA

In Microsoft Excel zählt die Funktion COUNTA die Anzahl der leeren Zellen und die Anzahl der gelieferten Wertparameter. Die Funktion COUNTA ist eine in Excel integrierte Statistik-/Zählfunktion. COUNTA(argument1, [argument2,... argument n]) ist die Syntax.

Beispiel:

| C8 | ⋮ | × | ✓ | f_x | =COUNTA(C2:C7) |

◢	A	B	C	D	E	F
1	Last Name	First Name	Math	Biology	Chemistry	
2	Jackson	Joe	A+		B	
3	Smith	Jane		A-	A+	
4	Ferguson	Samantha			C	
5	Reynolds	Allen	B	B		
6	Anderson	Paige	A-			
7	Johnson	Derek			A	
8	**Number of Students**		3	2	4	
9						

◢	A	B	C	D	E	F	G
1							
2		Data Cell	150				
3							
4		Condition 1	100	>=			
5		Condition 2	999	<=			
6		Result if true	100				
7		Result if fales	0				
8							
9		Live Formula	=IF(AND(C2>=C4,C2<=C5),C6,C7)				
10							
11							

13. OFFSET kombiniert mit SUM/AVERAGE

Syntax:

=SUMME (Offset: B4 (0,B4,1-E2))

Die Funktion OFFSET ist für sich genommen nicht besonders kompliziert, aber wenn sie mit anderen Funktionen wie AVERAGE oder SUM kombiniert wird, können wir eine ziemlich komplexe Formel erstellen. Betrachten Sie das folgende Szenario: Sie möchten eine dynamische Funktion erstellen, die eine variable Anzahl von Zellen summieren kann. Sie können eine statische Berechnung mit der Standardformel SUMME durchführen, aber Sie können den Zellbezug verschieben, indem Sie OFFSET hinzufügen.

Wie funktioniert das? Damit diese Formel funktioniert, ersetzen wir die Vergleichszelle, die mit der Funktion SUMME endet, durch die Funktion OFFSET. Dadurch wird die Formel dynamischer, und Sie können Excel mitteilen, wie viele fortlaufende Zellen Sie in einer einzigen Zelle namens E2 lesen möchten. Wir haben jetzt komplexe Excel-Formeln! Diese wesentlich kompliziertere Formel sehen Sie auf dem folgenden Screenshot.

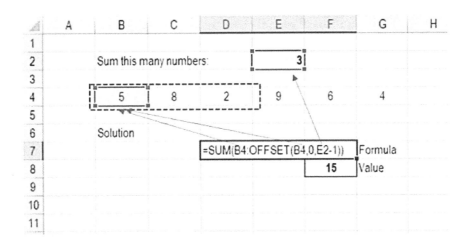

Die SUMME-Formel beginnt in Zelle B, endet aber mit einer Variablen. Die OFFSET-Formel beginnt in Zelle B und geht bis Zelle E2 ("3") minus eins. Sie verschiebt den Betrag, der am Ende der Formel steht, in zwei Zellen, also insgesamt drei Jahre (einschließlich des Ausgangspunkts). Durch die Verschiebungs- und Summenformel erhalten wir 15 in den Zellen B :D, wie in Zelle F7 angezeigt.

14. WÄHLEN SIE

Syntax: =SELECT(Auswahl, Auswahl1, Auswahl2, Auswahl3) Die Funktion SELECT ist ideal für die Analyse von Szenarien in der Finanzmodellierung. Sie ermöglicht es Ihnen, zwischen mehreren Optionen zu wählen und die von Ihnen getroffene "Entscheidung" zurückzugeben. Nehmen wir an, Sie haben drei verschiedene Umsatzwachstumsprognosen für das nächste Jahr: 5%, 12% und 18%. Wenn Sie Excel sagen, dass Sie die Option 2 wünschen, können Sie mit der SELECT-Formel eine Rendite von 12% erzielen.

	A	B	C	D	E	F	G
1							
2							
3			Option 1	5%			
4			Option 2	12%			
5			Option 3	18%			
6							
7		Selection ->	2	=CHOOSE(C7,D3,D4,D5)			
8							
9							
10							
11							

15. Funktionen von ZELLE, LINKS, MITTE und RECHTS

Diese anspruchsvollen Excel-Funktionen können einige komplizierte und fortgeschrittene Formeln erzeugen. Die Funktion CELL kann verschiedene Daten über den Inhalt einer Zelle zurückgeben (z.B. Name, Position, Zeile, Spalte und mehr). Die Methode LEFT liefert den Text vom Anfang der Zelle (von links nach rechts), die Funktion MID liefert den Text vom Startpunkt einer beliebigen Zelle (von links nach rechts) und die Funktion RIGHT liefert den Text vom Ende der Zelle (von rechts nach links).

Die drei Formeln sind im folgenden Diagramm dargestellt.

16. VERKNÜPFEN

Syntax:

=A1&" mehr Text"

Verknüpfen ist keine Funktion an sich, sondern lediglich eine kreative Technik, um Daten aus verschiedenen Zellen zusammenzuführen und Tabellenkalkulationen dynamischer zu gestalten. Es ist ein äußerst effektives Werkzeug für Finanzanalysten, die Finanzmodelle erstellen (lesen Sie unseren kostenlosen Leitfaden zur Finanzmodellierung, um mehr zu erfahren).

Der Text "New York" plus "wird logischerweise mit "NY" kombiniert, um im folgenden Beispiel zu "New York, NY" zu werden. Damit können Sie dynamische Arbeitsblattüberschriften und -beschriftungen erstellen. Anstatt die Zelle B8 zu aktualisieren, können Sie die Zellen B2 und D2 separat aktualisieren. Das ist eine wichtige Fähigkeit, wenn Sie mit einer großen Datensammlung arbeiten.

17. LEN und TRIM

Die oben gezeigten Formeln sind zwar weniger häufig, aber zweifellos fortschrittlich. Finanzanalysten, die große Mengen an Daten organisieren und verwalten müssen, können von ihnen profitieren. Leider sind die erhaltenen Daten nicht immer gut organisiert, und am Anfang oder Ende von Zellen können zusätzliche Leerräume entstehen.

Die LEN-Formel gibt die Anzahl der Zeichen in einer angegebenen Textzeichenfolge an, was praktisch ist, wenn Sie die Anzahl der Zeichen in einem Text zählen möchten.

Das folgende Beispiel zeigt, wie der TRIM-Algorithmus die Excel-Daten bereinigt.

Syntax: =LEN(text) und =TRIM(text)

18. PMT und IPMT

Sie müssen diese beiden Formeln kennen, die im kommerziellen Bankwesen, in der Immobilienbranche, in der F&A-Abteilung oder in jeder anderen Finanzanalystenfunktion, die mit Schuldenplänen arbeitet, sehr nützlich sind.

Die PMT-Formel berechnet den Wert gleichmäßiger Zahlungen während der gesamten Laufzeit eines Kredits. Sie können sie in Kombination mit der IPMT-Formel verwenden (die Ihnen zeigt, wie viel Zinsen Sie für denselben Kredit zahlen werden) und dann Kapital- und Zinszahlungen trennen.

So berechnen Sie mit der PMT-Formel die monatliche Hypothekenzahlung für ein Darlehen von 1 Million Dollar mit einem Zinssatz von 5% über 30 Jahre.

Die Syntax lautet =PMT(Zinssatz, Anzahl der Perioden, Barwert)

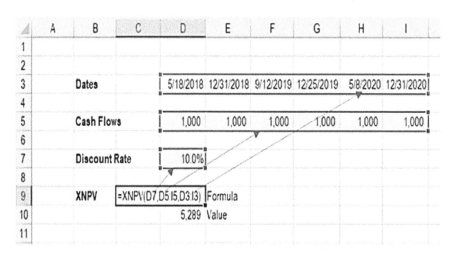

19. XNPV und XIRR

Diese Formeln werden Ihnen nützlich sein, wenn Sie im Investmentbanking, in der Aktienanalyse, in der Finanzplanung und -analyse (FP&A) oder in einem anderen Bereich der Unternehmensfinanzierung arbeiten, in dem Cashflows abgezinst werden müssen.

XNPV und XIRR ermöglichen es Ihnen, genaue Daten auf jeden diskontierten Cashflow anzuwenden. Die Standardformeln NPV und IRR von Excel haben den Fehler, dass sie davon ausgehen, dass die Zeitabstände zwischen den Cashflows gleich sind. Als Analyst werden Sie auf Fälle stoßen, in denen die Cashflows nicht regelmäßig gleichmäßig verteilt sind.

Die Syntax lautet =XNPV(Abzinsungssatz, Cashflows, Daten)

20. SUMIF und COUNTIF

Bedingte Funktionen werden in diesen beiden anspruchsvollen Formulierungen effektiv eingesetzt. In SUMIF werden alle Zellen addiert, die bestimmte Anforderungen erfüllen, und in COUNTIF werden alle Zellen gezählt, die bestimmten Kriterien entsprechen. Nehmen wir zum Beispiel an, dass es für yotto relevant ist, wie viele Champagnerflaschen für eine Kundenveranstaltung benötigt werden, indem alle Zellen gezählt werden, die größer oder gleich 21 sind (das amerikanische gesetzliche Trinkalter). Das Bild unten zeigt, dass COUNTIF als fortschrittliche Lösung verwendet werden kann.

Die Syntax lautet =COUNTIF(D5:D12,">=21")

Kapitel 8: Tabellen in Microsoft Excel

8.1 Was sind Excel-Tabellen?

Tabellen in Excel dienen als Datenspeicher. Excel-Tabellen dienen als Datenspeicher und Schränke in Kalkulationstabellen, in denen die darin enthaltenen Informationen aufbewahrt und geordnet werden. Die Verwendung von Tabellen in Excel macht es einfach und schnell, auf große Datenmengen zuzugreifen. Excel-Tabellen können dabei helfen, den Zeitaufwand bei der Arbeit zu reduzieren. In den Kopfzeilen der Excel-Tabelle finden Sie einen Verweis auf die betreffende Spalte. Tabellen sind sehr praktisch, wenn Sie mit großen Mengen an Informationen arbeiten.

Aufbereitung der Informationen:

- Bevor Sie die Excel-Tabelle erstellen, befolgen Sie diese Richtlinien zur Datenorganisation.

- Die Daten sind in Zeilen und Spalten organisiert, wobei jede Zeile Informationen über einen einzelnen Datensatz und jede Spalte Informationen über mehrere Datensätze enthält.

- Jede Spalte in der ersten Zeile der Liste sollte einen prägnanten, beschreibenden Titel haben und sich von den anderen Spalten unterscheiden. Die Daten in jeder Spalte der Liste sollten auf eine einzige Art von Informationen beschränkt sein.

- In jeder Zeile der Liste sollte ein einzelner Eintrag stehen.

- In der Liste sollten keine leeren Zeilen oder Spalten vorhanden sein und es sollte keine leeren Spalten geben.

- Sie sollten mindestens eine leere Zeile und eine leere Spalte zwischen der Liste und den anderen Informationen auf dem Arbeitsblatt verwenden, um die Daten von den ausgewählten Daten zu trennen und sicherzustellen, dass die Daten nicht überschrieben werden.

Eine Tabelle besteht häufig aus verknüpften Daten, die in Zeilen und Spalten eingegeben werden; sie kann jedoch auch aus einer einzigen Zeile oder Spalte bestehen, wenn dies erforderlich ist. Der folgende Screenshot veranschaulicht den Unterschied zwischen einem Standardbereich und einer Tabelle:

Range of cells					*Excel table*		
Item	**Jan**	**Feb**	**Mar**		Item	Jan	Feb	Mar
Lemons	$300	$220	$240		Lemons	$300	$220	$240
Bananas	$190	$190	$170		Bananas	$190	$190	$170
Apples	$220	$170	$220		Apples	$220	$170	$220
Peaches	$180	$200	$220		Peaches	$180	$200	$220
Oranges	$220	$190	$120		Oranges	$220	$190	$120
Total	$1,110	$970	$970		Total	$1,110	$970	$970

8.2 Wie Sie eine Tabelle in Microsoft Excel erstellen

Wenn Benutzer verknüpfte Daten zu einer Kalkulationstabelle hinzufügen, bezeichnen sie diese möglicherweise als "Tabelle", was eine ungenaue Terminologie ist. Um eine Gruppe zu ändern, müssen Sie zunächst das Format des Zellbereichs als Tabelle festlegen. In Excel gibt es häufig mehr als einen Ansatz, um dieselbe Aufgabe zu erledigen.

• Excel-Tabelle erstellen

Es gibt drei verschiedene Methoden, eine Tabelle in Excel zu erstellen.

Erstellen Sie eine Tabelle in Excel, indem Sie Ihre Daten in Zeilen und Spalten anordnen, dann auf eine beliebige Zelle innerhalb Ihrer Datensammlung klicken und eine der unten aufgeführten Optionen auswählen:

1. Die Tabelle finden Sie in der Kategorie Tabellen auf der Registerkarte Einfügen. Mit diesem Befehl können Sie eine Tabelle mit dem Standardstil einfügen.

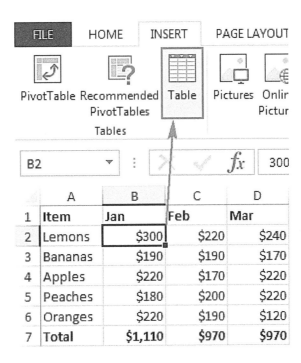

2. Als Tabelle formatieren finden Sie auf der Registerkarte Start in der Kategorie Formatvorlagen und können aus einer Liste von voreingestellten Tabellenvorlagen auswählen.

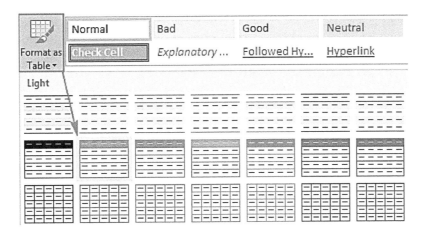

3. Excel-Tabellenkürzel: Wenn Sie lieber mit der Tastatur als mit der Maus arbeiten, können Sie mit der folgenden Tastenkombination am schnellsten eine Tabelle erstellen: Strg+T

Unabhängig davon, welchen Ansatz Sie wählen, wählt Microsoft Excel automatisch den gesamten fraglichen Zellblock aus. Überprüfen Sie dann noch einmal, ob der gewählte Bereich richtig ist, aktivieren oder deaktivieren Sie die Option "Meine Tabelle enthält Kopfzeilen" und klicken Sie auf OK.

Dadurch entsteht in Ihrem Arbeitsblatt eine ansprechend strukturierte Tabelle. Wenn Sie sie zum ersten Mal betrachten, scheint es sich um einen Standardbereich zu handeln, komplett mit Filterschaltflächen in der Kopfzeile, aber es steckt mehr dahinter!

	A	B	C	D
1	Item	Jan	Feb	Mar
2	Lemons	$300	$220	$240
3	Bananas	$190	$190	$170
4	Apples	$220	$170	$220
5	Peaches	$180	$200	$220
6	Oranges	$220	$190	$120
7	Total	$1,110	$970	$970

8.3 Welchen Vorteil hat die Verwendung einer Excel-Tabelle?

Excel-Tabellen sind aus einer Vielzahl von Gründen nützlich. In den meisten Fällen werden Tabellen für die folgenden Zwecke verwendet:

- **Styling und Formatierung sind wichtige Aspekte**

Nachdem die Daten in eine Tabelle umgewandelt worden sind, stellt Excel die Informationen visuell ansprechend dar. Das kann jedoch je nach Bedarf angepasst werden. Die Benutzer können aus einer Reihe von Tabellengestaltungsstilen wählen, indem sie diese aus dem Menü Tabellendesign auswählen.

Wenn neue Daten in eine Excel-Tabelle eingefügt werden, erweitert sich die Tabelle automatisch, wenn weitere Daten in eine benachbarte Zeile oder Spalte eingefügt werden. Die Tabelle in Excel wird automatisch expandiert und wickelt sich um sich selbst. Ein weiteres Merkmal ist, dass die zusätzlichen Zeilen oder Spalten je nach Zeilen- und Spaltennummer konsistent mit dem Rest der Tabelle angeordnet werden.

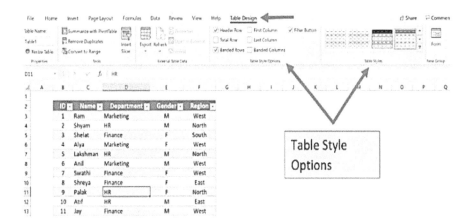

- **Ändern Sie den Namen der Tabelle**

Eine der Funktionen von Microsoft Excel ist die Möglichkeit, einer Tabelle einen beschreibenden Namen zu geben. Das macht es viel einfacher, sich bei der Arbeit mit Formeln auf die Daten in der Tabelle zu beziehen. Bestimmte Namen sind nicht erlaubt. Die wenigen Regeln, die Sie bei der Benennung einer Tabelle beachten sollten.

- Jede Tabelle innerhalb eines Arbeitsblatts muss einen eindeutigen Namen erhalten.

- Im Tabellennamen sollten nur Buchstaben, Zahlen und der Unterstrich verwendet werden. Leerzeichen oder andere Sonderzeichen sind erlaubt.

- Das erste Zeichen eines Tabellennamens muss ein Buchstabe oder ein Unterstrich sein. Es ist nicht ratsam, eine Zahl als erstes Zeichen eines Tabellennamens zu verwenden.

- Der Name einer Tabelle darf bis zu 255 Zeichen lang sein.

Jede Zelle in der Tabelle wird in der Multifunktionsleiste angezeigt, wenn die Registerkarte Tabellentools Design in der Gruppe Tabellentools ausgewählt ist. Im Abschnitt Eigenschaften dieser Registerkarte sehen Sie den Tabellennamen. Geben Sie einen neuen Namen anstelle des allgemeinen Namens ein und drücken Sie die Eingabetaste, um die Änderung zu übernehmen.

8.4 Funktionen der Excel-Tabelle

Excel-Tabellen enthalten viele nützliche Funktionen.

Wie bereits angedeutet, bieten Excel-Tabellen in Bezug auf die Darstellung viele Vorteile gegenüber herkömmlichen Datenbereichen. Warum nutzen Sie also nicht die erstaunlichen Möglichkeiten, die jetzt mit einem einzigen Mausklick zur Verfügung stehen?

- **Integrierte Optionen zum Sortieren und Filtern**

In den meisten Fällen erfordert das Sortieren und Filtern von Daten in einer Tabellenkalkulation nur wenige Schritte. Die Kopfzeile von Tabellen schließt automatisch

Filterpfeile mit ein, mit denen Sie verschiedene Text- und numerische Filter anwenden, in aufsteigender oder absteigender Reihenfolge sortieren, nach Farben sortieren oder eine benutzerdefinierte Sortierreihenfolge erstellen können.

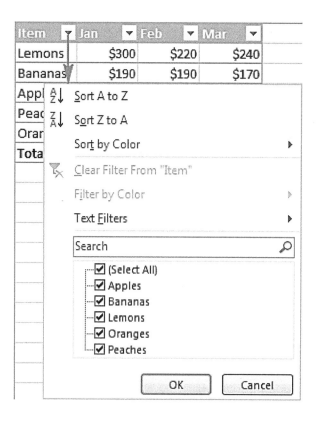

Die Filterpfeile können leicht ausgeblendet werden, indem Sie die Registerkarte Design > Tabellenstiloptionen wählen und das Kontrollkästchen Filter-Schaltfläche deaktivieren. Wenn Sie nicht beabsichtigen, Ihre Daten zu filtern, können Sie die Filterpfeile schnell ausblenden, indem Sie das Feld Filter-Schaltfläche auswählen und die Markierung des Feldes Filter-Schaltfläche entfernen.

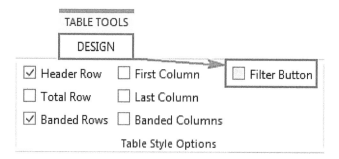

Alternativ können Sie auch die Tastenkombination **Umschalt+Strg+L** verwenden, um zwischen dem Ein- und Ausblenden der Filterpfeile zu wechseln.

Außerdem können Sie in Excel 2013 und späteren Versionen einen Slicer erstellen, um die Tabellendaten schnell und effizient zu filtern.

- **Die Spaltenköpfe bleiben sichtbar, auch wenn Sie auf der Seite nach unten scrollen.**

Bei einer großen Tabelle, die auf einen Bildschirm passt, können Sie immer die Kopfzeile sehen. Wenn das bei Ihnen nicht funktioniert, müssen Sie zuerst eine beliebige Zelle in der Tabelle auswählen, bevor Sie durch die Tabelle blättern.

- **Bequeme Formatierung (Excel-Tabellenstile)**

Eine frisch erstellte Tabelle ist bereits strukturiert, u. a. mit gestreiften Zeilen, Rahmen, Farbgebung und anderen Elementen. Das Standard-Tabellenformat lässt sich leicht ändern, indem Sie eines der über 50 voreingestellten Designs auswählen, die Sie in der Galerie Tabellenstile im Menü Design finden.

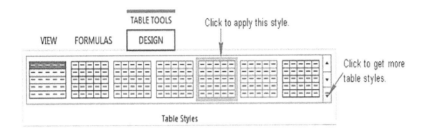

Auf der Registerkarte Design können Sie nicht nur Tabellenstile ändern, sondern auch die folgenden Tabellenelemente ein- und ausschalten:

Kopfzeile: In dieser Zeile werden Spaltenüberschriften angezeigt, die auch dann sichtbar bleiben, wenn die Tabellendaten gescrollt werden.

Summenzeile: Diese Funktion fügt am Ende der Tabelle eine Summenzeile ein. Sie können aus verschiedenen voreingestellten Funktionen wählen, um das Aussehen anzupassen.

Banded row und Banded Columns: Sie sehen eine alternative Zeilen- oder Spaltenschattierung, wenn Sie gebänderte Zeilen oder gebänderte Spalten verwenden.

Die erste und die letzte Spalte: Die erste und die letzte Spalte der Tabelle werden getrennt von den anderen Spalten formatiert.

Schaltfläche Filter: Mit der Schaltfläche Filter schalten Sie die Sichtbarkeit der Filterpfeile in der Kopfzeile um.

Die Standardoptionen für den Tabellenstil sind in der Abbildung unten dargestellt: Optionen für den Tabellenstil:

- **Automatische Tabellenerweiterung zur Aufnahme neuer Informationen**

Das Hinzufügen zusätzlicher Zeilen oder Spalten zu einer Kalkulationstabelle bedeutet oft, dass die Daten neu formatiert werden müssen. Aber nicht, wenn Sie Ihre Informationen in einer Tabelle angeordnet haben! Wenn Sie in Excel etwas neben eine Tabelle schreiben, geht das Programm davon aus, dass Sie ein neues Element hinzufügen möchten und erweitert die Tabelle um die neuen Informationen.

Wenn neue Informationen zu einer Tabelle hinzugefügt werden, wird die Tabelle automatisch erweitert.

Item	Jan	Feb	Mar	Apr
Lemons	$300	$220	$240	$100
Bananas	$190	$190	$170	
Apples	$220	$170	$220	
Peaches	$180	$200	$220	
Oranges	$220	$190	$120	
Grapes				

A table expands automatically to include new data.

Dies ist in der obigen Abbildung zu sehen, in der die alternative Zeileneinfärbung (gestreifte Zeilen) beibehalten wurde, aber das Tabellenlayout wurde geändert, um die neu hinzugefügte Zeile und

Spalte. Aber nicht nur der Tabellenstil wurde erweitert, auch die Tabellenfunktionen und Formeln wurden aktualisiert, um die zusätzlichen Daten aufzunehmen.

Mit anderen Worten, eine Excel-Tabelle ist per Definition eine "dynamische Tabelle", die sich dynamisch erweitert, um zusätzliche Zahlen aufzunehmen, ähnlich wie ein dynamischer benannter Bereich.

Um die Tabellenerweiterung rückgängig zu machen, klicken Sie auf die Schaltfläche Rückgängig in der Symbolleiste für den Schnellzugriff oder drücken Sie **Strg+Z** auf Ihrer Tastatur, wie Sie es normalerweise tun würden, um die letzten Änderungen an der Tabelle rückgängig zu machen.

- **Zum Einfügen oder Löschen von Zeilen und Spalten in einer Tabelle.**

Der schnellste und einfachste Weg, eine zusätzliche Zeile oder Spalte in einer bestehenden Tabelle zu erstellen, ist die Eingabe eines beliebigen Wertes in eine beliebige Zelle direkt unter der Tabelle oder die Eingabe eines beliebigen Wertes in eine beliebige Zelle direkt rechts neben der Tabelle, wie Sie es bereits kennen.

Um der Tabelle eine neue Zeile hinzuzufügen, während die Summenzeile ausgeschaltet ist, wählen Sie die Zelle unten rechts und drücken die Tabulatortaste auf Ihrer Tastatur.

Sie können einer Tabelle eine neue Zeile oder Spalte hinzufügen, indem Sie auf der Registerkarte Start > Zellen in der Multifunktionsleiste die Option Einfügen wählen. Alternativ können Sie auch mit der rechten Maustaste auf eine Zelle klicken, über der Sie

eine Zeile erstellen wollen, wählen Sie Einfügen > Tabellenzeilen oben; um eine neue Spalte einzufügen, wählen Sie Tabellenspalten links aus dem Dropdown-Menü.

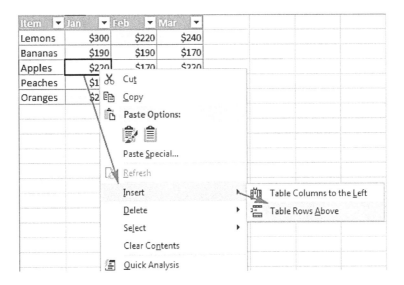

Um Zeilen oder Spalten zu löschen, wählen Sie Löschen aus dem Kontextmenü einer beliebigen Zelle in der Zeile oder Spalte, die Sie entfernen möchten, und wählen dann entweder Tabellenzeilen oder Tabellenspalten aus dem Dropdown-Menü. Alternativ können Sie auf der Registerkarte Start in der Gruppe Zellen die entsprechende Option auswählen, indem Sie auf den Pfeil neben Löschen klicken:

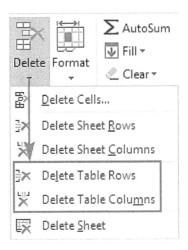

- **So ändern Sie eine Tabelle in Microsoft Excel**

Mit dem dreieckigen Ziehpunkt unten rechts in der Tabelle können Sie die Größe einer Tabelle ändern. So können Sie neue Zeilen oder Spalten in die Tabelle einfügen und gleichzeitig einen Teil der aktuellen Zeilen oder Spalten ausschließen:

Item	Jan	Feb	Mar
Lemons	$300	$220	$240
Bananas	$190	$190	$170
Apples	$220	$170	$220
Peaches	$180	$200	$220
Oranges	$220	$190	$120

Drag to rezise the table.

Kapitel 9: Excel-Diagramme

Excel wird von Unternehmen aller Größen und Branchen zum Speichern von Daten verwendet. Excel kann Ihnen dabei helfen, Ihre Tabellenkalkulationsdaten in Diagramme und Grafiken umzuwandeln, damit Sie einen klaren Überblick über die eingegebenen Daten erhalten und intelligente Geschäftsentscheidungen treffen können.

9.1 Was sind Excel-Diagramme?

Eine visuelle Diagrammdarstellung von Daten, die Spalten und Zeilen enthält, wird visuell dargestellt. Diagramme werden häufig zur Auswertung großer Datensätze verwendet, um Trends und Muster zu erkennen. Tools zur Datenvisualisierung (Diagramme und Grafiken) helfen Ihnen dabei, Ihre Daten sinnvoll zu nutzen, indem sie quantitative Werte auf leicht verständliche Weise darstellen. Obwohl die beiden Begriffe oft zusammen verwendet werden, sind sie nicht identisch. Diagramme sind die grundlegendste visuelle Darstellung von Daten und werden häufig verwendet, um die Werte von Datenpunkten im Zeitverlauf anzuzeigen. Diagramme sind aufwendiger als Tabellen, denn sie ermöglichen es Ihnen, Teile eines Datensatzes mit anderen Teilen desselben Datensatzes zu vergleichen. Diagramme gelten auch als ästhetisch ansprechender als andere Arten von Daten. Diagramme und Grafiken werden häufig in Präsentationen verwendet, um dem Management, Kunden oder anderen Teammitgliedern schnell einen Überblick über Fortschritte oder Ergebnisse zu geben. Sie können ein Diagramm erstellen, um nahezu alle statistischen Daten darzustellen, was Ihnen die Zeit und Mühe erspart,

Tabellenkalkulationen zu durchsuchen, um Zusammenhänge und Muster in den Daten zu erkennen. Da Sie Ihre Daten beispielsweise in einer Excel-Arbeitsmappe speichern können, anstatt sie aus einem anderen Programm zu importieren, vereinfacht Excel die Erstellung von Diagrammen und Grafiken. Excel enthält außerdem verschiedene vorgefertigte Diagramme unterschiedlicher Art, aus denen Sie dasjenige auswählen können, das die Datenverbindungen, die Sie hervorheben möchten, am besten darstellt, oder Sie können Ihre eigenen erstellen.

9.2 Arten von Diagrammen und ihre Verwendung

Excel verfügt über eine riesige Bibliothek von Diagrammtypen, die für die grafische Darstellung Ihrer Daten zur Verfügung stehen. Während zahlreiche Diagrammstile für einen bestimmten Datensatz "funktionieren" können, ist die Wahl des Diagrammtyps, der am besten die Geschichte erzählt, die Sie mit den Daten über den betreffenden Datensatz erzählen möchten, entscheidend. Natürlich können Sie grafische Komponenten verwenden, um ein Diagramm zu verbessern und zu modifizieren und sie einzubinden.

Die am häufigsten verwendeten Excel-Diagramme sind unten aufgeführt:

- Säulendiagramme.
- Tortendiagramme
- Balkendiagramme.
- Liniendiagramme.
- Combo Charts.
- Punktediagramme.

Säulen Diagramme

Säulendiagramme sind besonders nützlich für den Vergleich von Daten oder wenn zahlreiche Kategorien einer einzigen Variablen angezeigt werden sollen. Die in Excel verfügbaren sieben Säulendiagrammstile sind geclustert, gestapelt, 100 Prozent gestapelt, 3-D geclustert, 3-D gestapelt, 3-D Prozent gestapelt und 3-D 100-abgebildet gestapelt. Dreidimensional geclustert, gestapelt und 100-fach gestapelt sind ebenfalls verfügbar. Die Werte in diesem Diagramm sind in einer vertikalen Linie angeordnet.

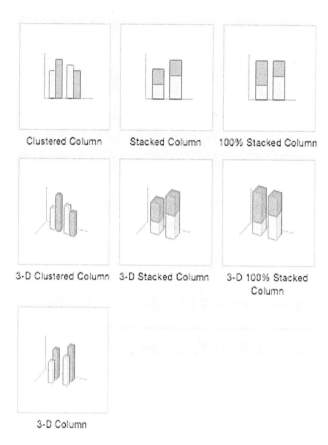

Tortendiagramme

Mit Kreisdiagrammen können Sie Prozentsätze eines Ganzen (des Gesamtwerts in Ihren Daten) vergleichen. Jeder Wert wird durch ein Tortenstück dargestellt, sodass Sie die relative Größe der Werte sehen können. Es stehen fünf Kreisdiagramme zur Verfügung: der Kreis, der Kreis von Kreisen (der einen Kreis in zwei teilt, um die Anteile der Unterkategorien anzuzeigen), der Kreisbalken, der 3-D-Kuchen und der Donut. Der Kreisbalken ist das am häufigsten verwendete Kreisdiagramm.

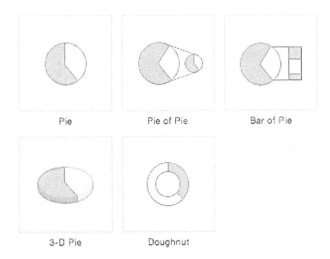

Balkendiagramme

Der wichtigste Unterschied zwischen einem Balkendiagramm und einem Säulendiagramm ist, dass die Balken in einem Balkendiagramm horizontal und nicht vertikal ausgerichtet sind. Obwohl sowohl Balken- als auch Säulendiagramme häufig verwendet werden, bevorzugen manche Leute Säulendiagramme, wenn es um negative Werte geht, da es einfacher ist, negative Werte zu erkennen, wenn sie vertikal auf einer y-Achse dargestellt werden.

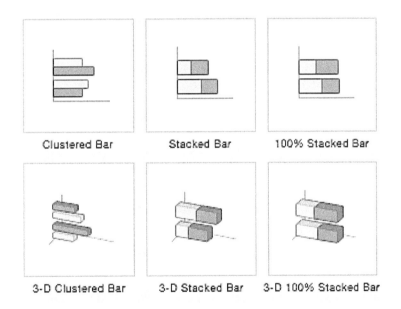

Liniendiagramme

Ein Liniendiagramm ist im Gegensatz zu einer Tabelle mit statischen Datenpunkten das effektivste Instrument zur Darstellung von Trends im Zeitverlauf. Die Linien verbinden jeden Datenpunkt und zeigen, wie sich der Wert bzw. die Werte im Laufe der Zeit verändert haben und wie er gewachsen oder gesunken ist. Für das Sieben-Linien-Diagramm stehen folgende Optionen zur Verfügung: Linie, gestapelte Linie, 100 Prozent gestapelte Linie, Linie mit Markierungen, gestapelte Linie mit Markierungen, 100 Prozent gestapelte Linie mit Markierungen und 3-D-Linie. Auch für Balken- und Tortendiagramme gibt es Sieben-Linien-Diagramm-Optionen.

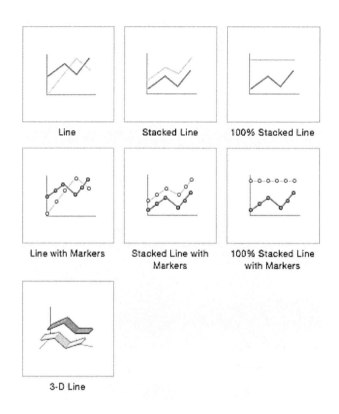

Line   Stacked Line   100% Stacked Line

Line with Markers   Stacked Line with Markers   100% Stacked Line with Markers

3-D Line

Kombi-Tabellen

Ein Kombi-Diagramm kombiniert zwei verschiedene Diagrammtypen, ein Säulendiagramm und ein Liniendiagramm in einer einzigen visuellen Darstellung. Ein Kombidiagramm ist ein einzelnes Diagramm, das mehrere Diagrammtypen anzeigt. Mit Kombidiagrammen können Sie Daten in verschiedenen Größen in einem Diagramm darstellen. Es kann die Beziehung zwischen einem Objekt und einem anderen anzeigen.

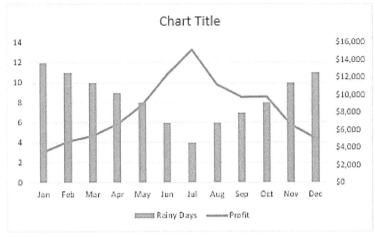

Custom Combination

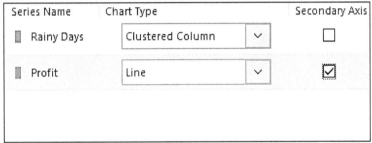

Choose the chart type and axis for your data series:

Series Name	Chart Type	Secondary Axis
Rainy Days	Clustered Column	☐
Profit	Line	☑

Punktediagramme

Punktdiagramme zeigen, wie eine Variable eine andere beeinflusst, indem sie mehrere Variablen verwenden. Sie ähneln den Liniendiagrammen insofern, als sie dazu verwendet werden können, darzustellen, wie sich Variablen im Laufe der Zeit verändern. Dieser Prozess wird mit dem Begriff Korrelation beschrieben. Das Blasendiagramm gehört zu den Diagrammtypen, die unter die Streuungsklassifizierung fallen. Die sieben Optionen für Punktdiagramme sind:

- Verteilen.

- Verteilen Sie mit Linien und Markierungen.

- Verteilen Sie mit glatten Linien.

- Verteilen Sie mit geraden Linien und Markern.

- Verteilen Sie mit geraden Linien, Blasen und 3-D-Blasen.

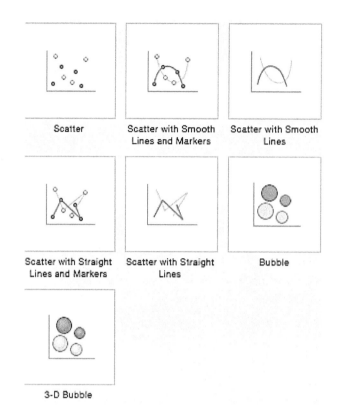

Es gibt vier weitere Diagrammkategorien. Diese Diagramme sind eher fallspezifisch:

- Bereichskarten.

- Aktiencharts.

- Oberflächen-Charts.

- Radar-Karten.

Bereich Diagramme

Flächendiagramme werden wie Liniendiagramme verwendet, um Veränderungen der Werte im Laufe der Zeit zu veranschaulichen. Flächendiagramme hingegen sind nützlich, um Abweichungen bei der Veränderung mehrerer Variablen hervorzuheben, da die Fläche unter jeder Linie ausgefüllt ist.

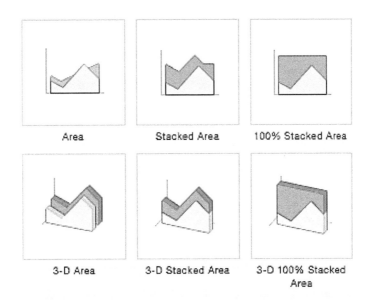

Aktiencharts

Diese Art von Diagramm wird häufig in der Finanzanalyse verwendet. Wenn Sie dagegen den Bereich einer Zahl und ihren spezifischen Wert anzeigen möchten, können Sie solche Charts in jedem Fall verwenden. Wählen Sie aus den Charttypen Hoch-Tief-Schluss, Offen-Hoch-Tief-Schluss, Volumen-Hoch-Tief-Schluss und Volumen-Offen-Hoch-Tief-Schluss, um sie auf dem Bildschirm Ihres Computers anzuzeigen.

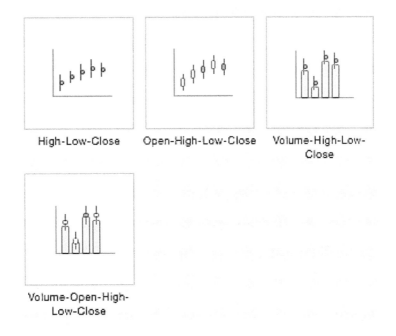

Oberflächen-Charts

Ein Oberflächendiagramm wird verwendet, um Daten in einer dreidimensionalen Umgebung darzustellen. Mit dieser zusätzlichen Ebene können mehr als zwei Faktoren und Datensätze mit Kategorien innerhalb einer einzigen Variable von einer höheren Präzision profitieren. Ein Oberflächendiagramm ist schwieriger zu lesen. Stellen Sie also sicher, dass Ihr Publikum versteht, was es sieht, bevor Sie es ihm präsentieren. Es stehen mehrere Optionen zur Verfügung, darunter 3-D-Fläche, 3-D-Oberfläche mit Drahtgitter, Kontur und Drahtgitterkontur.

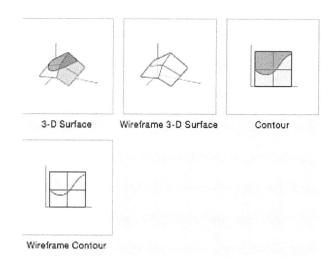

3-D Surface   Wireframe 3-D Surface   Contour

Wireframe Contour

Radar-Karten

Mit einem Radardiagramm können Sie Daten von vielen Variablen anzeigen, die alle miteinander verbunden sind. Alle Variablen beginnen mit dem Mittelpunkt, der als Ausgangspunkt dient. Die wichtigste Eigenschaft eines Radardiagramms ist, dass es Ihnen ermöglicht, alle verschiedenen Aspekte, die sich gegenseitig beeinflussen, zu bewerten. Sie werden oft verwendet, um die Stärken und Schwächen bestimmter Waren oder Mitarbeiter zu analysieren. Radardiagramme werden in drei Typen unterteilt: Radar mit Markierungen, Radar ohne Markierungen und gefülltes Radar.

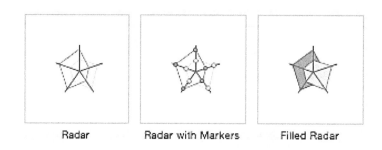

Radar   Radar with Markers   Filled Radar

9.3 Verwendung von verschiedenen Excel-Diagrammen

Verschiedene Diagramme haben eine Vielzahl von Anwendungen

Im Folgenden finden Sie einige Beispiele dafür, wie verschiedene Excel-Diagramme verwendet werden können:

1. Säulendiagramm:

Mithilfe von Säulendiagrammen können Sie Daten aus vergleichbaren Kategorien vergleichen und sehen, wie sich die Unabhängigkeit der Variablen im Laufe der Zeit verändert. Vergleichen und kontrastieren Sie die Beiträge der verschiedenen Klassenmitglieder und die Unterschiede zwischen negativen und positiven Werten.

2. Balkendiagramm:

Wenn die Achsenbeschriftungen zu lang sind, um in ein Säulendiagramm zu passen, können Sie auch ein Balkendiagramm verwenden.

3. Kreisdiagramm:

Wenn Sie eine Datenzusammensetzung darstellen möchten, die 100 Prozent genau ist, ist ein Kreisdiagramm die beste Wahl. Anders ausgedrückt: Ein Tortendiagramm sollte nur dann zur Darstellung der Datenzusammensetzung verwendet werden, wenn es nur einen Datensatz und weniger als fünf Kategorien gibt, die im Diagramm angezeigt werden sollen. Im Allgemeinen stellen Kreisdiagramme die Beziehung zwischen Teilen und dem Ganzen Ihrer Daten dar. Wenn Ihre Daten als Prozentsatz angegeben sind, ist ein Kreisdiagramm die am besten geeignete visuelle Darstellung Ihrer Informationen. Ein Kreisdiagramm sollte nur dann zur Darstellung der Datenzusammensetzung verwendet werden, wenn die Kreisteile gleich groß sind.

4. Punktediagramm:

Ein Punktediagramm ist eine gute Option, um den Zusammenhang zwischen zwei Variablen zu bewerten und darzustellen.

5. Liniendiagramm:

Liniendiagramme lenken die Aufmerksamkeit auf Datenmuster, insbesondere auf langfristige Trends zwischen Datenwerten. Eine weitere Situation, in der ein Liniendiagramm geeignet sein kann, ist, wenn Sie viele Datenpunkte darstellen müssen und ein Säulen- oder Balkendiagramm zu unübersichtlich wäre.

9.4 Erstellen von Diagrammen in Excel

Diagramme sind ein fantastisches Werkzeug, um Fakten und Informationen grafisch zu vermitteln. Die Daten, die in Diagrammen dargestellt werden, dienen als Grundlage für die Darstellung. Um ein Diagramm zu erstellen, müssen Sie zunächst die relevanten Daten auswählen, die angezeigt werden sollen. Zu Beginn müssen Sie Ihre Daten in Excel eingeben. Sie können Zellen in Ihrem Diagramm markieren, indem Sie mit der Maus über die Zellen ziehen, die die in Ihrem Diagramm verwendeten Informationen enthalten. Nachdem Sie Ihre Daten eingegeben und einen Zellbereich ausgewählt haben, können Sie den Diagrammtyp auswählen, der zur Darstellung Ihrer Daten verwendet werden soll.

Stellen Sie sich folgendes Szenario vor: Sie haben eine Kalkulationstabelle mit zwei Datenspalten. Die Variable Jahr befindet sich in Spalte A, während sich die Variable Wert in Spalte B befindet. Sie möchten ein Diagramm erstellen, in dem die Variable Wert auf der vertikalen Achse und das Jahr auf der horizontalen Achse aufgetragen wird.

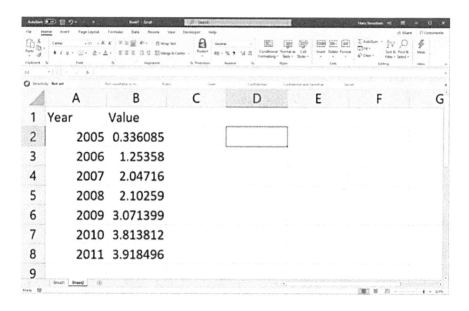

Nachdem Sie Ihre Daten für das Diagramm ausgewählt haben, befolgen Sie die unten aufgeführten Schritte, um das Diagramm in Ihre Kalkulationstabelle zu integrieren.

1. Entscheiden Sie, welche Informationen Sie verwenden möchten und warum.

2. Wählen Sie die Registerkarte Einfügen aus dem Dropdown-Menü der Multifunktionsleiste.

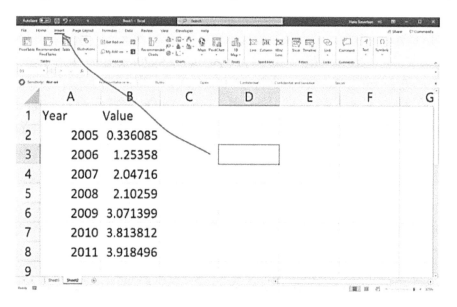

3. Wählen Sie in der Multifunktionsleiste die Option Diagramm einfügen.

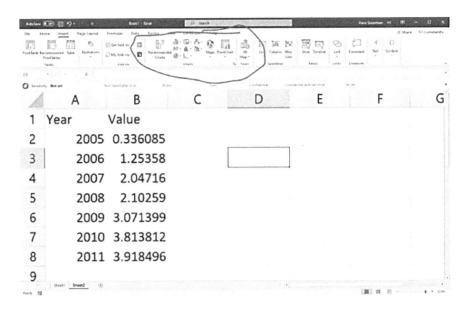

4. Gehen Sie zu den Chart-Einstellungen und wählen Sie Vorschau anzeigen, um die Vorschauen zu sehen.

5. Bitte wählen Sie das entsprechende Diagramm aus und klicken Sie darauf, um es einzufügen. Das in der folgenden Grafik gezeigte Liniendiagramm wird verwendet.

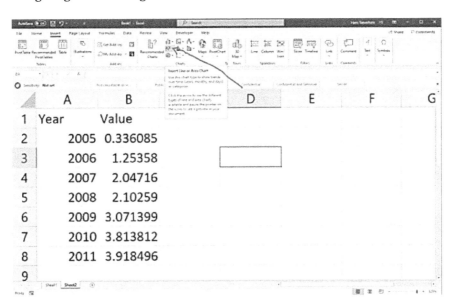

6. Wenn Sie auf das Liniendiagramm-Symbol klicken, wird ein Dropdown-Menü mit verschiedenen anderen Diagrammarten angezeigt.

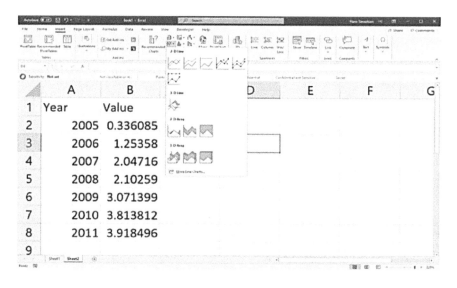

7. Wenn Sie auf das Liniendiagramm-Symbol klicken, wird ein Dropdown-Menü mit verschiedenen anderen Diagrammarten angezeigt. Um mit der Erstellung des Diagramms zu beginnen, müssen Sie Excel zunächst mitteilen, welche Daten als Ausgangspunkt dienen sollen. Nachdem Sie die Diagrammfläche ausgewählt haben (was durch einfaches Anklicken geschehen kann), gehen Sie zum Menü "Diagrammdesign" und wählen Sie "Daten auswählen" (siehe unten). Alternativ können Sie auch mit der rechten Maustaste auf das Diagramm klicken und "Daten auswählen" aus dem Kontextmenü wählen.

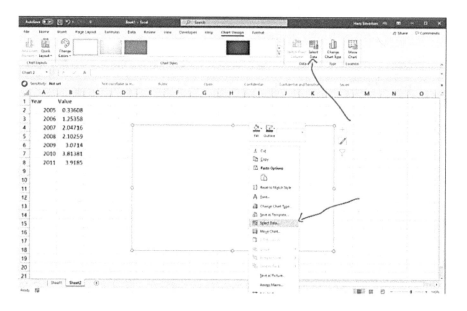

8. Die Optionen für die Datenauswahl werden im unten stehenden Menü angezeigt. Oben können Sie den gesamten Datenbereich auswählen, der verwendet werden soll. Sie haben die Möglichkeit auszuwählen, welche Daten auf der vertikalen Achse (y-Achse) des linken Bereichs und welche Variable auf der horizontalen Achse (x-Achse) des rechten Bereichs (x-Achse) angezeigt werden soll.

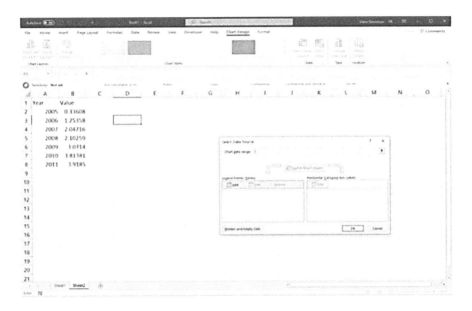

9. Lassen Sie uns zunächst Excel mitteilen, welche Daten für die vertikale Achse verwendet werden sollen. Wie unten angegeben, klicken Sie auf "Hinzufügen".

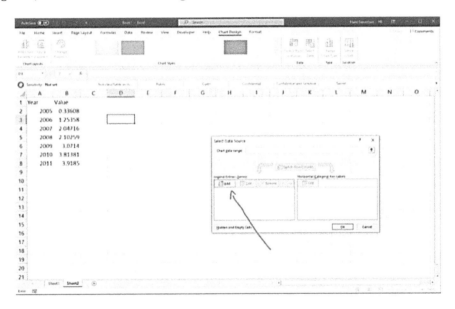

10. Es sollte nun ein ähnliches Menü wie das unten abgebildete angezeigt werden. Füllen Sie die Leerstellen mit einem Titel und einer Beschreibung des Inhalts der Serie aus. In der Spalte "Serienname" haben Sie die Möglichkeit, die Beschreibung der Serie manuell einzugeben.

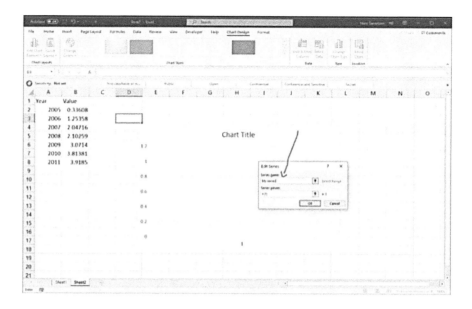

11. Klicken Sie für die "Serienwerte" auf das Symbol mit dem Pfeil nach oben. Wählen Sie alle Zellen aus, die die Werte enthalten, die Sie auf der vertikalen Achse anzeigen möchten.

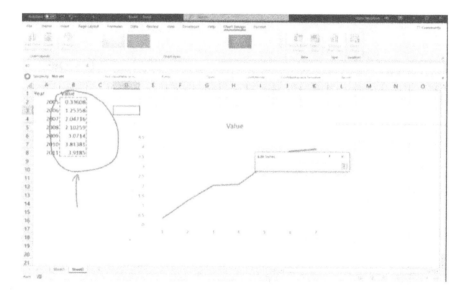

12. Die Serien für die horizontale Achse können Sie auswählen, indem Sie im rechten Fensterbereich "Bearbeiten" wählen. Wählen Sie die Daten für die horizontale Achse mit der gleichen Strategie wie für die vertikale Achse aus und klicken Sie dann zum Abschluss auf die Schaltfläche OK.

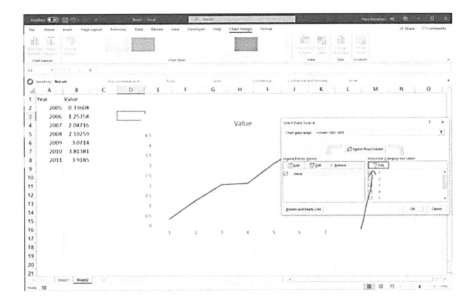

13. Um den Vorgang "Daten auswählen" abzuschließen, klicken Sie auf "OK".

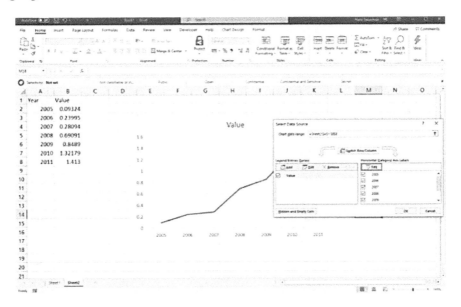

14. Ihr Chart wird eingefügt.

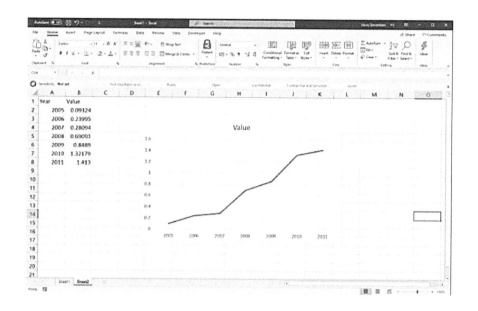

Year	Value
2005	0.09324
2006	0.23995
2007	0.28094
2008	0.69091
2009	0.8489
2010	1.32179
2011	1.413

Kapitel 10: Analysieren von Daten mit Excel

In der Technologie sind Daten das Mittel, mit dem Maschinen interagieren. Es ist eine Sprache der Zahlen und Maße; es ist ein grundlegendes, aber erschreckend kompliziertes System, das uns Nicht-Maschinen viel Angst und Frustration bereitet. Microsoft Excel hilft uns dabei, diese sprachliche Barriere zu überwinden und rohe Statistiken in Ideen, Muster und Erkenntnisse umzuwandeln, zum Beispiel.

Excel ist auch für die Datenanalyse nützlich, wenn Sie Daten in Diagramme und andere visuelle Darstellungen Ihrer Ergebnisse übersetzen müssen. Dies sind großartige Ressourcen, die es Ihnen ermöglichen, die Geschichte hinter den Daten zu verstehen und Ihre stärksten Stärken und die bemerkenswertesten Veränderungen in Ihren Berichten für Kunden und andere Interessengruppen hervorzuheben.

Die Visualisierung Ihrer Daten ist entscheidend für die Entwicklung effektiver Diagramme für Ihre Informationen. Nur wenige Manager haben die Zeit, Daten in Excel manuell auszuwerten. Die Ergebnisse werden durch die Verwendung von Diagrammen zum Leben erweckt.

In dieser Präsentation lernen Analysten, Forscher und Manager, wie sie Excel nutzen können, um ihre Daten in nützliche Diagramme und visuell ansprechende Grafiken zu verwandeln. Dies ist die erfolgreichste Methode, um Trends, Muster, Ausreißer und andere wichtige Vorkommnisse in Ihren Datensätzen zu erkennen.

10.1 Wie führen Sie in Excel eine Datenanalyse durch?

Die Navigation durch einen Berg von Informationen kann wie ein Alptraum erscheinen. Wenn Sie es mit riesigen Datenmengen gleichzeitig zu tun haben, ist es nicht immer einfach, die Informationen zu studieren und zu verdauen.

Denken Sie daran, dass nicht alle Daten auf irgendeine Weise hilfreich oder wichtig sind. Erschwerend kommt hinzu, das Daten in ihrer Rohform oft eher verwirrend als informativ sind.

Bevor Sie irgendeine Form von verwertbaren Erkenntnissen aus Ihren Daten gewinnen können, müssen diese zunächst gesammelt, gefiltert, bereinigt, visualisiert, analysiert und dann berichtet werden. Der Prozess der Datenanalyse besteht aus all diesen Komponenten. Jedes Mal, wenn Sie eine Datenanalyse durchführen, kann sich die Methode von der vorherigen unterscheiden. Es ist möglich, dass einzigartige Hürden und Probleme auftreten, die es schwierig machen, eine Entscheidung zu treffen. Daher ist es besser, über dynamische Lösungen zu verfügen, um mit allen unvorhergesehenen Unebenheiten auf dem Weg fertig zu werden.

Der umfassende Funktionsumfang von Excel bietet einen guten Einstieg in diesen Prozess. Es ist ein einfaches Werkzeug, um Daten zu sammeln, zu organisieren und zu ordnen, aber es kann auch verwendet werden, um anspruchsvolle Berechnungen durchzuführen und die Daten mit einigen grundlegenden Diagrammfunktionen darzustellen, was sehr nützlich ist. Wie lassen sich Daten in Excel am besten untersuchen? Vielleicht können Sie sogar einige grundlegende Erkenntnisse aus den Informationen in Ihrer

Tabellenkalkulation gewinnen. Sie können also einige grundlegende Analysen direkt aus Ihren Tabellenkalkulationen heraus durchführen, bevor Sie Diagramme erstellen oder sich weiter mit den Statistiken befassen, wenn Sie möchten.

10.2 Wie sollte der Prozess der Datenanalyse durchgeführt werden?

Wenn Sie den größtmöglichen Nutzen aus Ihren Daten ziehen wollen, müssen Sie zunächst untersuchen, wie die Datenanalyse wirklich funktioniert. Dieser Abschnitt bietet einen Überblick über das schrittweise Vorgehen bei der Datenanalyse in Excel.

Schritt 1:

Festlegen der Datenanforderungen für ein Projekt

Um eine effiziente Datenanalyse durchzuführen, müssen Sie zunächst die Anforderungen an die zu analysierenden Daten definieren. Im Rahmen dieses Prozesses müssen Sie die Struktur und die Datentypen bestimmen, die für Ihre Untersuchung relevant sind.

Bei Marketingzielgruppen kann der Datenbedarf beispielsweise Alter, Einkommen, geografische Lage und andere demografische Informationen umfassen. Diese Kriterien beeinflussen die Art der Informationen, die gesammelt werden müssen.

Schritt 2:

Sammeln von Informationen

Sobald Sie die Variablen festgelegt und in Kategorien eingeteilt haben, müssen Sie alle erforderlichen Daten zu diesen Bereichen sammeln.

Ihre Informationen müssen umfassend und so weit wie möglich korrekt sein.

Letztendlich sind Sie dafür verantwortlich, dass Ihre Daten genau beschafft werden und von hoher Qualität und Genauigkeit sind. Die Informationen müssen noch gefiltert und bereinigt werden, bevor sie verwendet werden können.

Schritt 3:

Informations- und Kommunikationstechnologie (ICT)

Nachdem Sie die Rohdaten gesammelt haben, müssen Sie sie für die weitere Analyse ordnen. Sie müssen die Informationen in geeignete Gruppen einteilen. Sie müssen die Daten in eine Tabellenkalkulation eingeben oder ein Datenmodell erstellen, um die Informationen richtig zu organisieren. Wenn Sie die Daten auf diese Weise organisieren, können Sie die internen Informationen leicht filtern und bereinigen.

Schritt 4:

Datenbereinigung und Organisation

Auch wenn die strukturierten Informationen umfassend und genau erscheinen mögen, sind sie wahrscheinlich unvollständig und enthalten Fehler oder doppelte Einträge. Dies ist der Prozess der Auswertung Ihrer gesammelten Daten und der Identifizierung und Korrektur von Fehlern oder Unstimmigkeiten, die Sie entdecken.

Die Art der Daten, die Sie gesammelt haben, bestimmt, wie Sie mit der Bereinigung vorgehen sollten. Um beispielsweise Finanzdaten zu überprüfen, können Sie die Summen addieren und sicherstellen, dass sie mit den Zahlen in Ihren Aufzeichnungen übereinstimmen. Diese Vorabüberprüfung ist entscheidend für die Genauigkeit und Zuverlässigkeit der von Ihnen erfassten Daten.

Schritt 5:

Datenanalyse und Interpretation

Sobald Ihre Daten alle oben beschriebenen Schritte durchlaufen haben, sind sie bereit für weitere Untersuchungen.

Um den Analyseprozess manuell durchzuführen, müssen Sie jede Datenzeile und -spalte physisch untersuchen, die Summen vergleichen und dabei auf Muster oder andere Zusammenhänge achten. Wenn Sie eine große Datensammlung haben, kann dies schwierig und unmöglich sein.

An diesem Punkt kommen die Tools zur Datenvisualisierung ins Spiel. Sie können die Muster, Ausreißer, Trends und andere Datenmerkmale visuell untersuchen, indem Sie die Daten grafisch darstellen. Mit dieser Strategie können Sie Ihre Daten in einem außergewöhnlich kurzen Zeitraum besser verstehen.

Schritt 6:

Kommunikation

Auch wenn die Datenanalyse die letzte Phase zu sein scheint, müssen Sie in der Lage sein, Ihre Ergebnisse zu diskutieren und zu vermitteln, um den Prozess abzuschließen. Möglicherweise müssen Sie Ihre Datenerkenntnisse an Stakeholder, Kunden, Teammitglieder oder andere interessierte Parteien weitergeben.

Jeder, der Ihre Daten liest, muss die gleichen Schlussfolgerungen ziehen und nachvollziehen können wie Sie selbst. Wenn Daten ohne Diagramme und andere Hilfsmittel kompliziert zu erklären sind, können sie die Ergebnisse effektiv und verständlich vermitteln.

10.3 Die Bedeutung der Datenanalyse für Ihr Unternehmen

Welche Bedeutung hat die Datenanalyse für Ihr Unternehmen?

Es ist oft schwierig zu wissen, wo man mit dem Betrieb eines Unternehmens beginnen oder auch nur ein Google Ads-Konto unterhalten soll, da es schwierig ist, den Weg, den man vorgibt zu gehen, und die Mittel, die man zu nutzen gedenkt, um dorthin zu gelangen, zu kennen. Das digitale Zeitalter hat viele neue Zielgruppen, Plattformen, Techniken und andere Möglichkeiten hervorgebracht, die es zu erforschen gilt.

Unsere Gesellschaft ist zunehmend datengesteuert. Die Fähigkeit, Ihre Marketingdaten sinnvoll zu nutzen, ist für jedes Unternehmen von entscheidender Bedeutung, unabhängig von der Branche, in der Sie tätig sind. Die Informationen in diesen Daten enthalten alles, was Sie wissen müssen, um Ihre Zielkunden zu erreichen, bessere Produkte zu entwickeln, stärkere Werbebotschaften zu erstellen, Ihren Marketing-ROI zu steigern und vieles mehr. Die Schwierigkeit besteht darin, dass all diese Informationen ein Wirrwarr von Zahlen aus verschiedenen Quellen sind. Es ist ein kolossales Gewirr von Fäden (die an mehreren anderen, ebenso verworrenen Knäueln von Fäden hängen). Die Datenanalyse hilft dabei, dieses Durcheinander zu sortieren und verwirrende Einsichten freizulegen. Auch wenn jeder Weg lohnenswert ist, sind einige vorteilhafter als andere. Die Identifizierung des vielversprechendsten Aktionsplans ist entscheidend für den Erfolg der Datenanalyse. Die besten und die schlechtesten Ergebnisse werden identifiziert. Diese Informationen werden verwendet, um Ihre Methoden zu verfeinern und Ihre Rendite zu steigern.

10.4 Die Datenanalysefunktionen, die Sie kennen sollten

Jeder Excel-Benutzer, der schon einmal den Fehler gemacht hat, die falsche Formel zur Analyse einer Datensammlung zu verwenden, wird die Qualen verstehen, die sich daraus ergeben können. Möglicherweise haben Sie stundenlang daran gearbeitet und schließlich aufgegeben, weil die Datenausgabe nicht korrekt war oder weil die Funktion zu kompliziert war und es immer einfacher erschien, die Daten selbst manuell zu zählen. Wenn das auf Sie zutrifft, sollten Sie diesen Kurs Datenanalyse in Excel besuchen.

Die Anzahl der Funktionen in Excel geht in die Hunderte, und es ist nicht immer einfach, die richtige Formel für die richtige Datenanalyse zu finden. Es ist nicht notwendig, dass Sie die wichtigsten Funktionen nur schwer nutzen können. Eine Reihe von fünfzehn grundlegenden Funktionen wird Ihre Fähigkeit, Daten zu interpretieren, erheblich verbessern, und Sie werden lernen, wie Sie von vornherein ohne sie auskommen können.

Ganz gleich, ob Sie Excel nur gelegentlich nutzen oder im Berufsleben ein Power-User sind, auf dieser Liste ist eine Funktion für Sie dabei.

- **VERKNÜPFEN**

VERKNÜPFEN ist einfach zu verstehen und gleichzeitig eine der effektivsten Formeln für statistische Analysen. Text, Zahlen, Daten und andere Daten aus zahlreichen Zellen können in einer einzigen Zelle kombiniert werden. Das Erstellen von API-Endpunkten, Produkt-SKUs und Java-Suchen wird mit diesem praktischen Dienstprogramm wesentlich einfacher.

Gleichung:

VERKNÜPFEN = VERKNÜPFEN (markieren Sie die Zellen, die Sie zusammenführen möchten)

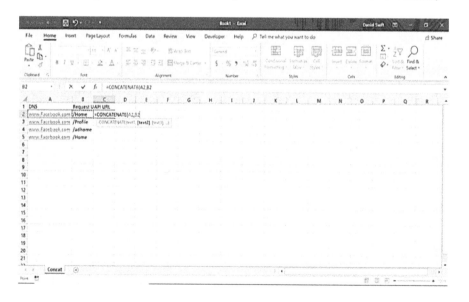

In der obigen Abbildung

=VERKETTUNG (B2, A2)

- **LEN**

LEN ist eine Abkürzung für die Berechnung der Anzahl der Zeichen in einer bestimmten Zelle. Wie im obigen Beispiel zu sehen ist, können Sie zwischen zwei verschiedenen Produkt-SKUs (Stock Keeping Units) unterscheiden, indem Sie die Formel =LEN verwenden, um zu bestimmen, wie viele Zeichen in der Zelle enthalten sind. LEN ist besonders vorteilhaft bei der Unterscheidung zwischen eindeutigen Bezeichnern (UIDs), die oft lang sind und nicht in der richtigen Reihenfolge stehen.

Gleichung:

=LEN(Zelle markieren)

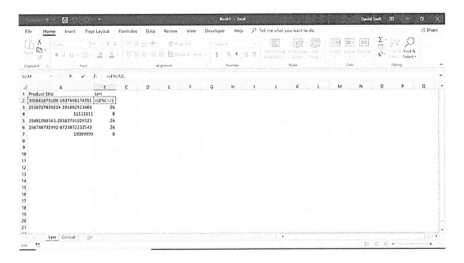

In der obigen Abbildung

=LEN (A2)

- **COUNTA**

COUNTA ist eine Funktion, die feststellt, ob eine Zelle Daten enthält oder nicht. Im Leben eines Datenanalysten werden Sie jeden Tag mit

Datensätzen konfrontiert, die nicht vollständig sind. Mit COUNTA können Sie Lücken im Datensatz entdecken, ohne die Informationen neu anzuordnen.

Gleichung:

COUNTA (Mark Zelle)

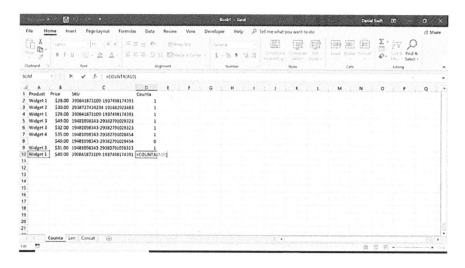

In der obigen Abbildung

Zählen (A10)

- **Tage oder Netzwerktage**

DAYS ist genau das, was der Name verspricht. Diese Methode berechnet anhand eines Kalenders die Anzahl der Kalendertage, die zwischen zwei Daten verstrichen sind. Ein wertvolles Hilfsmittel zur Bestimmung der Lebensdauer von Waren und Verträgen sowie zur Ermittlung von Run-Rating-Einnahmen auf der Grundlage der Leistungsdauer - eine notwendige Datenanalyse.

NETWORKDAYS ist ein wenig zuverlässiger und hilfreicher als NETWORKDAYS. Diese Formel berechnet die Anzahl der "Arbeitstage", die zwischen zwei Daten verstrichen sind, und bietet die Möglichkeit, auch Feiertage zu berücksichtigen. Sogar Workaholics brauchen von Zeit zu Zeit einen Urlaub! Die Verwendung dieser beiden Algorithmen zum Vergleich von Zeiträumen ist in Projektmanagement-Situationen äußerst nützlich.

Gleichungen:

=DAYS (Mark CELL, Mark CELL)

=NETWORK DAYS (Mark CELL, Mark CELL....

In der Abbildung:

=DAYS (B8, C8)

OR

=NETZWERKTAGE (C7, B7, 3)

- **SUMIFS**

SUMIFS Normalerweise ist die Technik der Wahl =SUMME, aber was tun Sie, wenn eine Reihe von Zellen Daten in Abhängigkeit von verschiedenen Kriterien summieren müssen? Dann ist SUMIFS das Mittel der Wahl. Im folgenden Beispiel wird SUMIFS verwendet, um zu ermitteln, wie viel jedes Produkt zum Gesamtergebnis des Unternehmens beiträgt.

Gleichung:

=SUMIF(BEREICH,KRITERIEN,

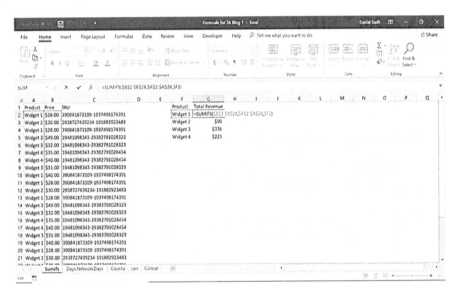

In Abbildung:

=SUMIF ($A$2:$A$28,$B$2:$B$28,$F2)

- **DurchschnittsIFS**

AVERAGEIFS funktioniert ähnlich wie SUMIFS und ermöglicht es Ihnen, einen Durchschnitt auf der Grundlage eines oder mehrerer Kriterien zu bilden.

Gleichung:

=DURCHSCHNITT WENN(ZELLE AUSWÄHLEN, KRITERIEN)

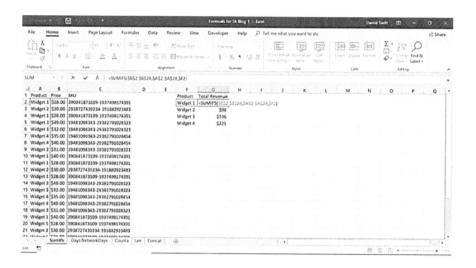

In the example:

$$=AVERAGEIF(\$C:\$C,\$A:\$A,\$F2)$$

- **VLOOKUP**

VLOOKUP ist eine der am weitesten verbreiteten und bekanntesten Funktionen zur Datenanalyse. Als Excel-Benutzer werden Sie mit ziemlicher Sicherheit irgendwann in Ihrer Karriere Daten miteinander "verheiraten" müssen. So kennt die Debitorenbuchhaltung vielleicht die Kosten für jedes Produkt, aber die Versandabteilung hat vielleicht nur die Anzahl der versendeten Einheiten. Das ist die ideale Anwendung für die VLOOKUP-Funktion.

Wenn Sie Referenzdaten (A2) in Verbindung mit der Preistabelle verwenden, kann Excel nach übereinstimmenden Kriterien in der ersten Spalte suchen und einen angrenzenden Wert zurückgeben, wie in der Abbildung unten zu sehen ist.

Gleichung:

=VLOOKUP (NACHSCHLAGEWERT, TABELLENARRAY, SPALTENINDEX NUM, [BEREICH LOOKUP])

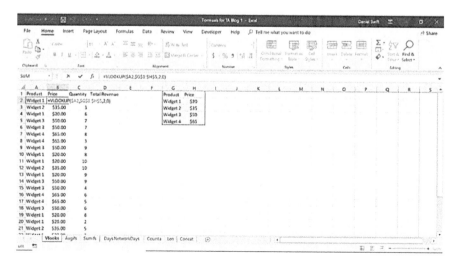

In the example:

$$=VLOOKUP(\$A2,\$G\$1:\$H\$5,2,0)$$

- **FINDEN/SUCHEN**

Um einen bestimmten Text innerhalb einer Datensammlung zu finden, sind die Methoden =FIND/=SEARCH sehr effektiv. Beide sind enthalten, weil =FIND Ergebnisse unter Berücksichtigung der Groß- und Kleinschreibung liefert, d.h.,

wenn Sie FIND verwenden, um nach "groß" zu suchen, erhalten Sie nur Ergebnisse, bei denen groß=true ist. Eine =SEARCH nach "groß" liefert jedoch Ergebnisse sowohl für Groß als auch für groß und erweitert damit den Umfang der Abfrage. Die Suche nach Anomalien oder eindeutigen IDs ist eine besonders nützliche Technik.

Gleichung:

$$=FIND(TEXT,WITHIN\_TEXT,[START\_NUMBER])\ OR\ =SEARCH(TEXT,WITHIN\_TEXT,[START\_NUMBER])$$

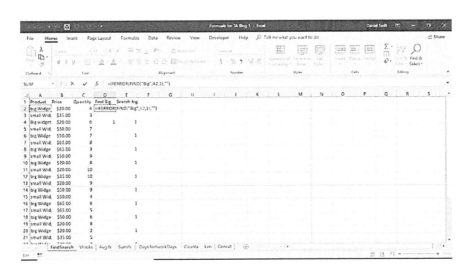

In the example:

$$=(FIND(\text{"Big"}, A2,1)\text{""})$$

Kapitel 11: Fehler in Microsoft Excel

Tabellenkalkulationen sind ein bewährtes Werkzeug in der Geschäftswelt. Sie verwenden Tabellenkalkulationen mit Sicherheit, wenn Sie mit Geld, Finanzen, Wirtschaft oder etwas anderem arbeiten. Beim Militär werden sie zum Beispiel zur Überwachung der Ausrüstungsbestände eingesetzt. Bei so vielen Unternehmern, die sich auf Tabellenkalkulationen verlassen, kann man davon ausgehen, dass sie viele Fehler machen werden. Und das ist gut so! Hier sind 10 häufige Tabellenkalkulationsfehler, die Sie zweifellos schon einmal gemacht haben.

Berechnungen überprüfen

Manchmal, vor allem beim Hinzufügen neuer Zeilen, kann es leicht passieren, dass man die Summenberechnung übersieht, wodurch man sich versehentlich in die Quere kommt. Versuchen Sie immer, Berechnungen gegenzuprüfen, um sicherzustellen, dass die Formeln korrekt sind. In diesem einfachen Beispiel ist das ziemlich offensichtlich:

	Apples	Pears	Bananas	Oranges	Total
North	45	32	40	51	168
South	97	65	73	96	331
East	66	40	51	63	220
West	48	36	43	52	179
Total	256	173	207	262	898
				Check	0

Da Tabellenkalkulationen immer komplexer werden und Blöcke und Unterblöcke enthalten, wie z.B. die Gewinn- und Verlustrechnung, wird es immer schwieriger, Fehler zu machen, sodass es noch wichtiger ist, Kontrollen einzubauen. Hier müssen wir nur sicherstellen, dass die Vertikale und die Horizontale gleich sind - der kleinere Wert sollte Null sein. Excel versucht oft, vor Problemen zu warnen, indem es ein kleines Gefahrensymbol anzeigt, aber das ist nicht immer effektiv.

11,370.92	$	11,370.92	$
25,549.62	$	25,549.62	$
19,000.00	$	19,000.00	$
1,950.00	$	1,950.00	$
135.00	$	135.00	$

Machen Sie auf die Inputs und Outputs Ihrer "Was-wäre-wenn"-Modelle aufmerksam.

Um komplexe Modelle für andere leicht nutzbar zu machen, lohnt es sich, die Felder hervorzuheben, die die Anwender ausfüllen müssen, und die Ergebnisse der Modelle sogar zu gruppieren und zu erklären.

Vermeiden Sie es, Reihen zu bilden, um visuell ansprechende Räume als Designkomponente zu schaffen.

Excel behandelt leere Zeilen je nach den Funktionen, die Sie verwenden müssen, unterschiedlich und behandelt Daten in verschiedenen Listen so, als handele es sich um separate Listen. So werden beispielsweise das automatische Ausfüllen und die Formeln bei einer leeren Zeile angehalten, sodass Sie feststellen können, dass Ihr Arbeitsblatt nicht so aktualisiert wird, wie Sie es erwarten.

Vermeiden Sie leere Zeilen oder Spalten in einer Kalkulationstabelle. Verwenden Sie Formatierungen, um die Aufmerksamkeit auf wichtige Informationen zu lenken, damit die Tabelle leichter zu lesen und zu verarbeiten ist.

Sie sollten z.B. nicht Excel verwenden, wenn Sie ein anderes Programm benutzen.

Die Anpassung an Ihre Bedürfnisse wird durch die Verwendung von Excel erreicht. Daher verwenden es viele Menschen für andere Dinge als das, wofür es eigentlich gedacht ist, z.B. für die Projektplanung und das Aufgabenmanagement, das für mehr als einfaches Arbeitsmanagement nicht genug Leistung bietet. Die häufigste Art des Missbrauchs ist die Verwendung als Datenbank. Excel ist keine relationale Datenbank, obwohl es oft als solche verwendet wird. Wenn Tabellenkalkulationen für die komplexe Projektplanung, das Arbeitsmanagement oder die Speicherung von Rohdaten verwendet werden, können sie mühsam zu pflegen sein. Wenn Ihre Kunden jedoch zur Erledigung ihrer Aufgaben in einer Tabelle blättern oder diese gemeinsam nutzen müssen, ist die Verwendung von Excel als Datenbank wahrscheinlich keine gute Idee. Sie sollten in Erwägung ziehen, Access oder SQL anstelle von Microsoft Excel zu verwenden.

Einen Ausdruck der gesamten Tabelle erhalten

Dieser Fehler wird häufig gemacht, wenn Sie auf die Schaltfläche Drucken klicken und feststellen, dass das gesamte Arbeitsblatt einschließlich der leeren Zeilen und Spalten gedruckt wurde. Markieren Sie stattdessen die Informationen, die Sie drucken möchten, und wählen Sie dann Datei > Drucken > Auswahl drucken, um nur die ausgewählten Informationen zu drucken. Das spart Wälder (und Toner) und verhindert, dass Ihre Kollegen Sie dafür hassen, dass Sie den Drucker lange Zeit verstopfen.

Wenn Sie eine Spalte formatieren, können Sie die gesamte Spalte auswählen.

In Excel ist es so einfach, eine ganze Spalte oder Zeile auszuwählen, indem Sie auf die Kopfzeile klicken und sie einfärben, eine Zeile hinzufügen oder was auch immer Sie wollen. Das kann unbeabsichtigte Folgen haben. Zum Beispiel kann es Ihren Computer verlangsamen, die Leistung verringern und das Drucken erschweren. Das größte Problem ist, dass es die Leute verwirrt, vor allem wenn sie glauben, dass es sich um einen Fehler handelt, wie die Frage zeigt: Meinten Sie, das alle Zeilen unter Ihren Informationen hellgelb sind? Fehlt etwas auf der Seite oder liegt ein Formatierungsfehler vor? Wenn die Leute innehalten und Ihre Informationen infrage stellen, wirkt sich das negativ auf Ihre Produktivität aus und erzeugt Unglauben an die Integrität Ihrer Informationen bzw. Ihres Designs.

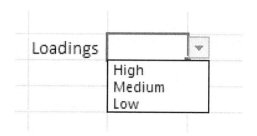

Integrieren Sie die Datenvalidierung in Ihre Modelle.

Excel ist Ihnen eine große Hilfe, insbesondere mit der Funktion AutoVervollständigen, die Ihnen beim Schreiben von freiem Text hilft, diesen auszurichten. Allerdings eröffnet sie den Benutzern die Möglichkeit, unterschiedliche Schreibstile zu verwenden. Stattdessen sollte die Datenüberprüfung sicherstellen, dass die Benutzer den richtigen Textbezeichner auswählen, z. B. einen Firmennamen. Erstellen Sie Kriterien, um sicherzustellen, dass die Benutzer nur die richtigen Daten auswählen können, indem Sie zu Daten > Datenüberprüfung gehen und die erforderlichen Daten eingeben. Excel ist Ihnen eine große Hilfe, insbesondere mit der Funktion AutoVervollständigen, die Ihnen beim Schreiben von freiem Text hilft, diesen auszurichten. Allerdings eröffnet sie den Benutzern die Möglichkeit, unterschiedliche Schreibstile zu verwenden. Stattdessen sollte die Datenüberprüfung sicherstellen, dass die Benutzer den richtigen Textbezeichner auswählen, z. B. einen Firmennamen. Erstellen Sie Kriterien, um sicherzustellen, dass die Benutzer nur die richtigen Daten auswählen können, indem Sie zu Daten > Datenüberprüfung gehen und die erforderlichen Daten eingeben. Excel ist Ihnen eine große Hilfe, insbesondere mit der Funktion AutoVervollständigen, die Ihnen beim Schreiben von freiem Text hilft, diesen auszurichten. Allerdings eröffnet sie den Benutzern die Möglichkeit, unterschiedliche Schreibstile zu verwenden. Stattdessen sollte die Datenüberprüfung sicherstellen, dass die Benutzer den richtigen Textbezeichner auswählen, z. B. einen Firmennamen. Erstellen Sie Kriterien, die sicherstellen, dass die Benutzer nur die richtigen Daten auswählen können, indem Sie zu Daten > Datenüberprüfung gehen und die erforderlichen Daten eingeben.

Verwenden Sie die Farbe Rot als Akzentfarbe

Diese Aktivität ist üblich, wenn Sie möchten, dass sich Daten von anderen Daten abheben. Denken Sie daran. Allerdings hat diese Farbe eine Bedeutung. Rot steht beispielsweise für Negativität und kann Ihrem Buchhalter den Kopf verdrehen! Außerdem kann die Hervorhebung beim Drucken der Kalkulationstabelle (Graustufen bei Verwendung von BandW) verloren gehen.

Seien Sie vorsichtig. Die Zellen werden zusammengelegt.

Da die Formel oberhalb der zusammengeführten Zelle nicht einfach ausgefüllt werden kann, kann das Sortieren und Filtern der Daten schwierig sein. Zellen werden oft aus Designgründen kombiniert, aber es ist in der Regel besser, Zellen formatieren > Ausrichten > Zentrieren für die gesamte Auswahl zu verwenden, anstatt sie zusammenzuführen. Das Gleiche gilt, wenn Sie das Erscheinungsbild Ihrer informativen Überschriften verbessern möchten.

Fehler in der Logik der Tabellenkalkulation.

Tabellenkalkulationen sind notorisch unflexibel, wenn es um die Reihenfolge geht, in der Operationen ausgeführt werden. Wenn Sie Gleichungen und Formeln nicht korrekt eingeben, erhalten Sie falsche Ergebnisse, was dazu führen kann, dass Ihre Tabellenkalkulation komplett abstürzt. Hoffentlich gibt es Möglichkeiten, dies zu verhindern, und es ist so einfach wie das Hinzufügen zusätzlicher Klammern. Verwenden Sie die Teile der Gleichungen, um das gewünschte Ergebnis zu erhalten.

Unangemessene Verwendung von integrierten Funktionen.

Ein einziger falscher Buchstabe in einer Funktion kann die Bedeutung völlig verändern. Zum Beispiel ignoriert die Funktion MITTELWERT alle Texte und ungültigen Elemente. AVERAGE A entfernt allen Text und alle falschen Eingaben aus der Gleichung. Dieser eine Buchstabe kann eine tiefgreifende Wirkung auf die Einstellung und die Werte Ihrer Kalkulationstabelle haben. Jahrelang haben Unternehmen Funktionen missbraucht und falsche Zahlen in ihre Tabellenkalkulationen eingegeben, was zu Verlusten in Millionenhöhe geführt hat. Sie sollten die Funktionen immer überprüfen, bevor Sie fortfahren, um sicherzustellen, dass Sie die richtigen verwenden.

Sie können nicht alle benötigten Zellen replizieren.

Bei der Arbeit mit Tabellenkalkulationen kommt es häufig zu Kopier- und Einfügevorgängen. Das typische Problem ist, dass die Benutzer nicht alle Zellen auswählen, die sie kopieren und in das nächste Arbeitsblatt einfügen müssen, was sehr frustrierend ist. Wenn das nicht der Fall ist, haben Sie Informationen, die gar nicht existieren. Wenn dies nicht erkannt und korrigiert wird, kann das schwerwiegende Folgen haben. Da Tabellenkalkulationen absurde Ausmaße annehmen können, ist dies schwieriger, als es aussieht. Wenn Sie 15 Jahre an Finanzdaten haben und nur 10 Jahre davon kopieren, fällt Ihnen der Unterschied vielleicht nicht sofort auf, wenn Sie nicht aufpassen.

Speichern Sie nur, wenn es nötig ist.

Es scheint seltsam, aber es ist wahr. Sie sollten nur dann sparen, wenn es nötig ist. Dieser Ratschlag steht im direkten Widerspruch zu dem oft gehörten Rat, regelmäßig zu sparen. Hier sind einige Gründe, warum Sie nur dann sparen sollten, wenn es absolut notwendig ist. Weil Sie bei der Bearbeitung des gespeicherten Arbeitsblatts keinen Fehler gemacht haben, konnten Sie das Projekt mit einem fehlerfreien Arbeitsblatt abschließen. Manchmal machen Sie einen Fehler, der gespeichert wird und Sie können später keine saubere Kopie wiederherstellen. Daher sollten Sie nur dann speichern, wenn Sie sicher sind, dass das, was Sie getan haben, korrekt war.

Löschen Sie die Namen der Bereiche, nachdem Sie alle Zellen darin gelöscht haben.

Wenn Sie alle Zellen in einem Bereich löschen, sollten Sie aus denselben Gründen wie in Nummer sieben auch die Bereichsnamen löschen. Wenn Sie wesentliche Änderungen an einer Kalkulationstabelle vornehmen, müssen Sie alle Elemente der Änderung aktualisieren, um sicherzustellen, dass die korrekte Dokumentation beibehalten wird. Andernfalls können andere Personen Informationen, die eigentlich gelöscht werden sollten, erneut eingeben, wodurch die Such- und Sortierfunktionen unwirksam werden.

Lassen Sie eine zweite Person Ihre Arbeit überprüfen

Die meisten schwerwiegenden Fehler in der Welt der Tabellenkalkulation sind darauf zurückzuführen, dass Mitarbeiter ihre Arbeit nicht überprüfen. Dieser Fehler wird dann in der Befehlskette weitergegeben, ohne dass jemand die Arbeit der anderen vollständig kontrolliert, was katastrophale Folgen für das Unternehmen haben kann. Wenn Sie mit Tabellenkalkulationen arbeiten, sollten Sie Ihre Zahlen immer wieder von jemand anderem überprüfen lassen, um sicherzustellen, dass die Zahlen übereinstimmen. Wenn Sie für Mitarbeiter verantwortlich sind, die mit Tabellenkalkulationen arbeiten, sollten Sie deren Arbeit häufiger überprüfen. Einem Artikel aus dem Jahr 2013 zufolge enthalten etwa 88 Prozent der Tabellenkalkulationen Fehler. Das ist keine sehr ermutigende Zahl. Es ist notwendig, dass Sie immer aufmerksam sind. Ihre Augen werden definitiv anfangen, Dinge zu übersehen, wenn sie gezwungen sind, den größten Teil des Tages kleine Mengen in kleinen Blöcken zu betrachten. Vergessen Sie nicht, ab und zu eine Pause vom Computer zu machen, um Ihren Augen und Ihrem Gehirn eine Pause vom Starren auf den Bildschirm zu gönnen. Tabellenkalkulationen sind nützlich, aber zeitaufwendig, und wenn Sie nicht aufpassen, verderben Sie leicht den Spaß an der Arbeit.

Kapitel 12: Excel und das tägliche Leben

Microsoft Excel speichert und analysiert Daten in numerischer Form in einer Tabellenkalkulationssoftware. Eine Tabellenkalkulation ist eine Sammlung von Zeilen und Spalten, die eine Tabelle bilden. Im Gegensatz zu den Zahlen sind den Spalten Buchstaben des Alphabets zugeordnet, während den Zeilen Zahlen zugeordnet sind. Zeilen und Spalten sind mit einer Zellposition verbunden, und eine Zelladresse ist ein Buchstabe, der eine Zeile im Inhaltsverzeichnis darstellt. Darüber hinaus kann Microsoft Excel Diagrammwerkzeuge, Berechnungen, Pivot-Tabellen und visuelle Grundprogramme, eine Programmiersprache zur Erstellung von Makros (auch bekannt als Makroprogrammierung), enthalten. Darüber hinaus verfügt es über mehrere Funktionen, die Lösungen für technische, wirtschaftliche und statistische Fragen bieten. Excel kann Daten auch in Form von Liniendiagrammen, Graphen und Histogrammen darstellen, ist aber auf dreidimensionale visuelle Informationen beschränkt.

12.1 Die Kosten unter Kontrolle halten

Privatpersonen verwenden es in der Regel, um Aufgaben zu erledigen, da es mehrere Vorteile bietet. Die Verwaltung von Ausgaben ist mit Microsoft Excel einfacher. Nehmen wir an, das monatliche Einkommen eines Lehrers liegt bei 60.000 $. Er muss seine Ausgaben erfassen und mit Microsoft Excel die monatlichen Kosten ermitteln. Dazu geben Sie die monatlichen Gehalts- und Ausgabendaten in Excel-Tabellen ein, sodass Sie die Ausgaben angemessen verfolgen und verwalten können. Die Ausgabenverwaltung ist eine der leistungsfähigsten Anwendungen von Microsoft Excel im täglichen Leben.

12.2 Sammelt Daten an einem einzigen Ort

Eine erstaunliche Eigenschaft von Microsoft Excel ist die Fähigkeit, große Datenmengen an einem Ort zu integrieren. Dies hat den Vorteil, dass ein versehentlicher Datenverlust verhindert wird. Die Informationen sind an einem Ort gespeichert. Dadurch sparen Sie Zeit, da Sie nicht nach Dateien suchen müssen. Wenn Sie Informationen aus einer Datei abrufen, müssen Sie die Daten organisieren und kategorisieren, um Zeit zu sparen.

12.3 Zugang zu Informationen über das Internet

Microsoft Excel ist von überall im Internet zugänglich, d.h. Sie können von jedem Gerät, jedem Ort und zu jeder Tageszeit darauf zugreifen. Es bietet bequeme Arbeitsoptionen, d.h. Sie können Ihr Mobiltelefon verwenden, um Aufgaben zu erledigen, auch wenn Sie keinen Computer haben. Und schließlich können Sie es dank seiner großen Anpassungsfähigkeit unabhängig von Ihrem Standort oder Gerät problemlos nutzen.

12.4 Es macht die Datenanzeige anschaulicher

Mit Microsoft Excel können Sie Daten auf eine informativere Weise darstellen. Es hilft, Informationsleisten zu verbessern, bestimmte Dateien durch Hervorhebung zu identifizieren und Informationen visuell ansprechend zu präsentieren. Wenn Sie z.B. Daten in Excel haben und die Aufmerksamkeit auf einen bestimmten Abschnitt lenken möchten, nutzen Sie die vielfältigen Aspekte der Datendarstellung in MS Excel. Darüber hinaus können Tabellenkalkulationen so gestaltet werden, dass sie für die darin gespeicherten Informationen visuell ansprechender sind.

12.5 Sicherheit

Da der Hauptzweck von Microsoft Excel in der Sicherheit liegt, können Verbraucher ihre Daten schützen. Die in diesem Programm gespeicherten Dateien können mit einem persönlichen Passwortcode geschützt werden, der verhindert, dass andere darauf zugreifen oder sie zerstören. Sie können in ein Excel-Tabellenblatt eingepasst oder mit einer einfachen visuellen Programmierung erstellt werden. Ein weiterer positiver Punkt bei der Verwendung von Excel ist, dass es wichtige Informationen strukturiert speichert und weniger Zeit für den Zugriff benötigt als andere Datenspeichermethoden. Die Verwendung von Microsoft Excel ermöglicht schnelle Lösungen für Probleme.

12.6 Formulieren Sie Ihre Überlegungen in mathematischen Begriffen

Mathematische Formeln in Microsoft Excel machen die Arbeit bequemer. Komplexe arithmetische Probleme lassen sich einfach und ohne zusätzlichen Aufwand lösen. Das Programm verfügt über mehrere Formeln, mit denen Sie Probleme lösen können, z.B. um gleichzeitig den Mittelwert und die Summe für große Datenmengen zu bestimmen. Daher ist Excel das effektivste Werkzeug, um Antworten zu erhalten und grundlegende mathematische Funktionen zu nutzen, die in Tabellen mit großen Datenmengen zu finden sind.

12.7 Wiederherstellen von Informationen aus Tabellenkalkulationen und Datenbanken

Mit Microsoft Excel können Sie im Falle eines Datenverlustes problemlos Daten wiederherstellen. Wenn Ihre wichtigen, in Excel gespeicherten Daten verloren gehen oder zerstört werden, machen Sie sich keine Sorgen, denn die neue Version von Excel verfügt über ein Format zur Wiederherstellung verlorener oder beschädigter Daten. Darüber hinaus bietet es Funktionen wie Tabellen, die die Arbeit erleichtern, und das XML-Format, das die Größe von Arbeitsblättern reduziert, um die Dateien bei der Arbeit mit großen Dateien kompakter zu machen.

12.8 Machen Sie Ihren Job komfortabler

Microsoft Excel enthält mehrere Tools, die den Prozess vereinfachen und wenig Zeit in Anspruch nehmen. Das bereitgestellte Tool kann Daten filtern, sortieren und suchen, um die Arbeit zu erleichtern. Sie können die Tools auch mit Pivot-Tabellen und Diagrammen kombinieren, um die Aufgabe zu beschleunigen. Damit können Sie viele Elemente in großen Datensätzen mit wenig Aufwand untersuchen und Antworten auf Fragen und Probleme finden.

12.9 Das Zeitmanagement hat sich verbessert.

Jeden Tag müssen Sie viele Aufgaben erledigen, wenn Sie ein erfolgreicher Geschäftsinhaber und Manager oder auch nur ein Angestellter in einem großen Unternehmen sein wollen. Um erfolgreich zu sein, müssen Sie bei dem, was Sie tun, produktiv und effizient sein. Mehrere Excel-Funktionen sind in dieser Situation nützlich. Wenn Sie die häufig verwendeten Excel-Kurzbefehle kennen, können Sie Ihre Produktivität steigern und Ihr Zeitmanagement verbessern. Erfahren Sie mehr über alle häufig verwendeten Tastenkombinationen in Excel. Darüber hinaus können Sie Makros und andere Formeln verwenden, um Aufgaben auf dem Computer zu automatisieren. Wenn Sie die raffinierten Tricks von Excel nutzen, gewinnen Sie viel Zeit, um sich auf komplexere Aufgaben zu konzentrieren, während Excel die meisten Routinearbeiten, die sich wiederholen und auf Formeln basieren, erledigt.

12.10 Nehmen Sie eine gründliche Prüfung der Fakten vor

Der Umgang mit großen Datenmengen kann aufgrund des Prozesses verwirrend werden. Daher ist es nicht einfach, aus den vorhandenen Daten und Ressourcen große Muster zu erkennen, wenn Sie die Daten quantitativ analysieren wollen. Daher können Sie auf der Grundlage der Ihnen vorliegenden Informationen keine genauen Vorhersagen machen. Microsoft Excel kann in dieser Situation sehr nützlich sein. Das Programm bietet Ihnen Funktionen wie die bedingte Formatierung, mit der Sie Zeilen, die bestimmte Kriterien erfüllen, hervorheben können. Eine visuelle Darstellung all Ihrer Daten spart Ihnen Zeit, da Sie sich nicht mehr nur auf einzelne Datenpunkte konzentrieren müssen, sondern das große Ganze betrachten und Vorhersagen treffen können, die mit größerer Wahrscheinlichkeit eintreffen. Mit Excel können Sie außerdem verschiedene grafische Darstellungen wie Tortendiagramme, Graphen und Histogramme erstellen, die die Präsentation von Daten erleichtern und visuell ansprechend gestalten. Jeder in Ihrem Unternehmen, Ihrer Gruppe oder Ihrem Projekt ist auf der gleichen Seite, wenn es darum geht, die Informationen zu interpretieren, die sich aus dieser Zusammenarbeit ergeben.

12.11 Berechnungen, die sowohl schneller als auch genauer sind

Mit Excel-Formeln können Sie Berechnungen schneller und automatischer als manuell durchführen. Wenn Sie Excel beherrschen, müssen Sie komplexe numerische Berechnungen nicht von Hand durchführen, was zeitaufwendig und meist anfällig für menschliche Fehler ist. Außerdem können Sie selbst die komplexesten Berechnungen und Operationen mit einem Klick durchführen, ohne Zeit zu verlieren oder die Genauigkeit zu beeinträchtigen, weil Sie fortgeschrittene Excel-Konzepte und -Daten beherrschen.

12.12 Verbesserung der eigenen Fähigkeit, Informationen zu analysieren

Insbesondere in Bezug auf Analysen und Berechnungen bietet Microsoft Excel den Schülern eine Fülle von kreativen Alternativen. Wirtschaftliches Verständnis ist der wichtigste Aspekt für den Betrieb eines erfolgreichen Unternehmens. Der Mangel an analytischen Fähigkeiten bei den Personen, die für die Auswertung von Finanzkonten und anderen kritischen Indikatoren zuständig sind, hat vielen Unternehmen zu schaffen gemacht. Schüler und Studenten profitieren von der Verwendung von Excel, da es ihnen das Wissen und die Fähigkeiten vermittelt, die sie für ihre akademischen Aktivitäten benötigen, um erfolgreich zu sein, aber auch für ihre zukünftige berufliche

Bestrebungen. Aufgrund seiner Verwendung bei der Verwaltung, Analyse und Ausführung von Finanzberechnungen im Geschäfts- und Alltagsleben kann Excel die Entwicklung starker analytischer Fähigkeiten fördern.

Nehmen wir an, Sie können Ihre Kenntnisse im Finanzmanagement und in der Verwendung von Excel zur Erstellung von Analysen nachweisen, noch bevor Sie für ein Unternehmen tätig werden. In diesem Fall wird die Organisation oder der Ort, an dem Sie eingestellt werden, davon profitieren. Es ist auch wahrscheinlich, dass das Unternehmen, bei dem Sie angestellt werden, bereits Excel oder eine ähnliche Software verwendet, an die Sie gewöhnt sind. Dank Ihrer praktischen Erfahrung werden Sie gut darauf vorbereitet sein, sich in der Berufswelt einen Namen zu machen.

12.13 Techniken und Prinzipien für die Datenvisualisierung

Excel kann zwar Berechnungen durchführen und Formeln darstellen, verfügt aber, wie bereits erwähnt, auch über eine breite Palette von Tools zur Datenvisualisierung. Insbesondere die Datenvisualisierung ist eine unglaublich wertvolle Fähigkeit, wenn Sie mit Gruppen von Menschen aus verschiedenen Fachrichtungen arbeiten. Nicht alle Mitarbeiter eines Unternehmens verstehen die Rohdaten von Zahlen, Prozentsätzen und Statistiken. Untersuchungen haben ergeben, dass die meisten Menschen es vorziehen, Informationen auf eine visuell ansprechende und leicht zu konsumierende Weise zu präsentieren. In einer solchen Situation können die verschiedenen Visualisierungsoptionen in Excel sehr nützlich sein. Mit Tortendiagrammen, Balkendiagrammen, Histogrammen und anderen visuellen Darstellungen von Daten können Sie Ihre Daten, Ergebnisse und Zukunftstrends in einem visuell ansprechenden Stil darstellen, der Ihr Publikum mitreißt. So können Sie sicherstellen, dass alle in Ihrem Unternehmen - von den Marketingteams bis zu den Vertriebsteams, von den Ingenieuren bis zu den leitenden Angestellten - über alle Daten, Prognosen und Entscheidungen des Unternehmens auf dem gleichen Stand sind. Darüber hinaus ermöglichen anspruchsvollere Tools eine genauere und fortschrittlichere Datenvisualisierung. Studenten sollten zwar mit Excel-Visualisierungstechniken vertraut sein, aber nach dem Studium ist es noch wichtiger, einen Vorsprung in diesem Beruf zu haben. Studenten, die einen Bachelor-Abschluss in Betriebswirtschaft oder einen Master-Abschluss in Wirtschaftswissenschaften machen, sind mit dem Zeichnen von Nachfrage- und Angebotskurven, der Vorhersage der Zukunft auf der Grundlage von Daten, der Berechnung von Reingewinn und Gewinnspanne und der Vorhersage der Zukunft auf der Grundlage von Daten vertraut. Es kann leicht in Excel nachgebildet werden, um den Studenten ein tieferes und umfassenderes Verständnis des Inhalts zu vermitteln.

Kapitel 13: Unternehmen und Microsoft Excel

Als Microsoft Excel 1985 zum ersten Mal auf den Markt kam, war es eine kleine Software, die sich schnell zum wichtigsten Bürocomputerprogramm weltweit entwickelte. Unternehmen profitieren von soliden Kenntnissen in Excel. Das gilt für jede Funktion. Excel ist ein leistungsfähiges Tool, das sich weltweit für Bestandsanalysen, Unternehmensveröffentlichungen, Budgetierung und die Verwaltung von Kundenverkaufslisten durchgesetzt hat.

Tabellenkalkulationen können für fast alles verwendet werden.

Excel für Unternehmen bietet fast keine Einschränkungen bei den Anwendungen, die Sie verwenden können. Hier sind einige Beispiele:

- Wenn Sie einen Mannschaftsausflug zu einem Baseballspiel organisieren, können Sie Excel verwenden, um die RSVP-Liste und die damit verbundenen Ausgaben zu erfassen.

- Microsoft Excel erstellt Umsatzprognosen für neue Produkte auf der Grundlage von Prognosen für neue Kunden.

- Wenn Sie einen Redaktionskalender für Ihre Webseite erstellen, können Sie eine Tabelle verwenden, um Termine und Themen festzulegen.

- Sie können kleine Posten budgetieren, indem Sie die Verbrauchskategorien in einer Tabelle auflisten, sie monatlich aktualisieren und ein Diagramm erstellen, das zeigt, wie genau der Posten das Budget für jeden Bereich einhält, wie in Abbildung 1 dargestellt.

- Basierend auf der monatlichen Kaufsumme der einzelnen Produkte können Sie ihnen Kundenrabatte zuweisen.

- Benutzer können die Aufschlüsselung der Kundeneinnahmen einsehen, um Bereiche zu identifizieren, in denen die Kundeninteraktion verbessert werden kann.

- Nutzen Sie ausgefeilte Rechner wie die Sharpe-Ratio zu Ihrem Vorteil.

MS Excel wird für verschiedene Aufgaben wie Erfassung, Analyse, Sortierung und Berichterstattung verwendet. Tabellen sind im Geschäftsleben sehr beliebt, da sie visuell und relativ einfach sind. Geschäftsanalysen, Personalmanagement, Leistungsberichte und Betriebsmanagement sind nur einige der vielen Anwendungen von Microsoft Excel, die häufig in Unternehmen zu finden sind. Da wir Beschäftigungsdaten analysieren, können wir das (mit MS Excel) getrost sagen.

13.1 Geschäftsanalyse

Die am weitesten verbreitete Anwendung von Microsoft Excel im Büro ist die Geschäftsanalyse.

Business Intelligence ist einfach der Prozess der Nutzung von Daten, um Entscheidungen zu treffen. Unternehmen sammeln natürlich im Rahmen ihrer täglichen Arbeit Daten, z.B. Informationen über Produktverkäufe, Website-Besuche, Lieferungen, Versicherungsansprüche und andere Faktoren.

Business Intelligence ist die Umwandlung von Daten in Informationen, die für die Verwaltung eines Unternehmens Verantwortlichen wertvoll sind. Sie können zum Beispiel einen Gewinnbericht auf der Grundlage des Wochentags erstellen. Wenn ein Unternehmen sonntags regelmäßig Geld verliert, kann die Geschäftsleitung diese Information nutzen, um eine Entscheidung zu treffen (z.B. sonntags zu schließen).

Business Analyst, Business Planning Strategist, Business Solutions Researcher, Receivables Analyst, Credit Management Analyst, Payment Manager, Statistiker, Data and Audience Analyst, Financial Business Analyst, Investment Portfolio Analyst, Junior Researcher, Regional Financial Analyst, Management Information- Analyst, Senior Financial Analyst Analyst, Senior Portfolio Analyst sind nur einige Beispiele für Berufsbezeichnungen, mit denen Sie Kontakte knüpfen können.

13.2 Personalverwaltung

Eine häufige geschäftliche Anwendung von Excel ist natürlich die Personalverwaltung.

Eine Microsoft Excel-Tabelle ist ein nützliches Werkzeug, um persönliche Informationen zu organisieren, egal ob es sich um Mitarbeiter, Kunden, Unterstützer oder Schulungsveranstaltungen handelt.

Persönliche Informationen lassen sich mit Excel schnell und effizient speichern und nutzen. In einer Tabellenzeile oder -spalte kann ein individueller Datensatz gespeichert werden, der Informationen wie den Namen einer Person, die E-Mail-Adresse, das Anfangsdatum des Mitarbeiters, gekaufte Artikel, den Bestellstatus und das Datum der letzten Interaktion mit dem Unternehmen enthält.

Customer Extension Coordinator, Customer Management and Administration, Customer Relationship Manager, Customer Service Representative, Customer Service Specialist, Human Resource Consultant, HR Manager, HR Manager, HR Mentor, HR Manager, Junior HR Researcher, Reconciliation, and Payment Manager, and Relationship Manager sind nur einige Beispiele für mögliche Berufsbezeichnungen.

13.3 Operationen verwalten

Das tägliche Management vieler Unternehmen hängt stark von der Verwendung von Excel ab.

Das Unternehmertum kann oft logistische Herausforderungen mit sich bringen, die schwer zu bewältigen sind. Um Ihr Geschäft reibungslos zu führen und beispielsweise eine Überbevorratung bestimmter Artikel zu vermeiden, müssen Sie eine strenge Bestandskontrolle durchführen. Das Aufzeichnen von Lieferanten- und Kundenereignissen, das Markieren wichtiger Termine und das Verwalten von Zeit- und Terminplänen sind Teil der Arbeit.

Während Amazon seine Geschäfte mit fortschrittlicher, maßgeschneiderter Software verwaltet, ist Microsoft Excel für viele kleinere Unternehmen unverzichtbar, insbesondere für solche im Dienstleistungssektor (oder für jedes größere Unternehmen). Excel hat den Vorteil, dass es relativ einfach zu bedienen ist, sodass viele Menschen es ohne das Risiko von Programmierfehlern nutzen können.

13.4 Leistungsberichte

Die Leistungsüberwachung und -berichterstattung ist eine spezielle Form der Unternehmensanalyse, die mit Microsoft Excel effektiv durchgeführt werden kann. So verlassen sich z.B. unzählige Buchhalter immer noch auf Microsoft Excel (u.a. wegen seiner Kompatibilität mit Cloud-basierten Gehaltsabrechnungssystemen).

Aus mehreren Gründen ist das Erstellen einer Pivot-Tabelle in Excel die Aktion, mit der Sie Daten in einen Leistungsbericht umwandeln. Wenn Sie eine Pivot-Tabelle erstellen und zu den Daten hinzufügen, können Sie schnell weitere wichtige Informationen aus einem zuvor fehlenden Datensatz extrahieren. Das Zählen und Summieren bestimmter Datenkategorien in einem Datensatz sind nur einige der Aufgaben, die Pivot-Tabellen mit ihren verschiedenen integrierten Funktionen erfüllen können.

13.5 Büroverwaltung

Aufgrund der Bedeutung von Microsoft Excel verwenden beispielsweise Büroleiter Excel zur Eingabe und Speicherung wichtiger Verwaltungsinformationen, was die Vielseitigkeit des Programms zeigt. Die gleichen Informationen können für die zukünftige Buchhaltung, Finanz- und Geschäftsanalysen und Gewinnberichte verwendet werden. Neben den täglichen Aufgaben wie der Rechnungsstellung, dem Bezahlen von Rechnungen und der Kommunikation mit Lieferanten und Kunden (u.a.) ist Excel für die Büroverwaltung unverzichtbar. Das Se funktioniert als Allzweckwerkzeug für die Überwachung und Verwaltung von Büroaktivitäten.

13.6 Strategische Analyse

Strategische Analyse bedeutet, Geschäftsentscheidungen mit Daten und Formeln in Excel-Tabellen zu verknüpfen. Sie verwenden Excel zum Beispiel, um Investitionsentscheidungen zu treffen und Vermögenswerte zu verteilen.

Sie können zum Beispiel eine Versicherungspolice auf der Grundlage der Ergebnisse eines Excel-Modells auswählen. Die Chartanalyse ist auf eine bestimmte Weise konzipiert, um Handelsoptionen zu bilden.

13.7 Projektleitung

Projektmanager haben zwar Zugang zu Projektmanagement-Software (PM), die auf ihre Bedürfnisse zugeschnitten ist, aber manchmal ist eine Excel-Arbeitsmappe eine gute Alternative. Projekte sind geschäftliche Aktivitäten, für die oft ein Budget sowie ein Start- und Enddatum vorgegeben sind. Wenn Sie Projektideen in eine Arbeitsmappe einfügen, können Sie den Fortschritt leicht verfolgen und das Projekt im Zeitplan halten.

Ein Vorteil der Verwendung von Excel besteht darin, dass das Projektbuch leicht mit anderen geteilt werden kann, insbesondere mit denen, die mit ihrer Projektmanagement-Software (PM-Software) nicht vertraut sind oder keinen Zugang zu ihr haben.

13.8 Programme verwalten

Excel ist ein nützliches Werkzeug zum Organisieren und Verwalten von Programmen. Es kann angepasst werden, um die einzigartigen Funktionen einer bestimmten Software zu verwalten. Da Microsoft Excel weit verbreitet ist, können die Programmdaten leicht von einer Gruppe von Personen verwaltet und relativ einfach an einen neuen Administrator weitergegeben werden, wenn die Zeit gekommen ist. Ein Programm ist mit einem Projekt vergleichbar, außer dass es fortlaufend sein kann und von der Beteiligung der Mitarbeiter abhängt. Administratoren können mit Microsoft Excel u.a. Ressourcen gemeinsam nutzen, den Fortschritt verfolgen und Teilnehmerinformationen verwalten.

13.9 Vertragsverwaltung

Vertragsmanager verwenden gerne Microsoft Excel, weil es ein einfaches Tool zur Dokumentation von Vertragsinformationen wie Terminen, Meilensteinen, Leistungen und Zahlungsbeträgen ist. Es gibt viele verschiedene Vertragsverwaltungsmodelle, die jeweils an die Art des Vertrags oder die Phase des Vertragslebenszyklus angepasst werden können.

13.10 Kontenverwaltung

Kundenbetreuer erhalten in der Regel eine Microsoft Excel-Schulung, da sie Kundeninformationen erhalten und verwalten. Die Hauptaufgabe des Kundenbetreuers besteht darin, Beziehungen zu den aktuellen und potenziellen Kunden des Unternehmens zu pflegen und aufzubauen. Kundentreue und Wiederholungsaufträge sind wichtige Ziele, die es anzustreben gilt. Für MBA-Absolventen, die im Marketing arbeiten möchten, ist dieser Beruf eine beliebte Wahl. Microsoft Excel wird häufig in der Finanzverwaltung eingesetzt, da es eine einfache Möglichkeit bietet, Kundendaten zu teilen und zu speichern.

13.11 Analyse der Daten

Ihre Aufgabe ist es also, riesige Datenmengen zu analysieren und verwertbare Schlussfolgerungen zu ziehen. Aber keine Sorge, Excel hilft Ihnen bei der Verwaltung und Synthese der klaren und verständlichen Ergebnisse. Pivot-Tabellen sind dafür ein sehr nützliches Werkzeug. Sie ermöglichen es dem Benutzer, sich auf bestimmte Informationen aus einem riesigen Datensatz zu konzentrieren, was zu kurzen Schnappschüssen führt, die als Teil eines interaktiven zusammenfassenden Berichts verwendet werden können. Die Tabelle lässt sich leicht anpassen, um die gewünschten Datenfelder anzuzeigen, indem Sie Filter hinzufügen oder die Datensegmente ändern.

13.12 Verteilung und Visualisierung von Informationen

Mit Daten aus Rohdatensätzen und Pivot-Tabellen können Sie Diagramme und Schaubilder erstellen. Die Daten können aggregiert werden, um formelle Berichte und Präsentationen zu erstellen und Daten zu analysieren und zu interpretieren. Sie sind wertvoll, weil sie eine andere Perspektive auf Trends und Leistung bieten können. Excel verfügt über eine Auswahl an vorgefertigten Diagrammvorlagen, ermöglicht es dem Benutzer aber auch, Funktionen wie Farben, Achsenwerte und Textkommentare anzupassen, indem er sie aus einem Dropdown-Menü auswählt. Visuelle Berichte können in einer Vielzahl von Geschäftsumgebungen verwendet werden. Balkendiagramme können beispielsweise von Marketingteams verwendet werden, um die Effektivität einer Werbekampagne im Laufe der Zeit zu ermitteln und sie mit früheren Bemühungen zu vergleichen.

13.13 Projektionen und Vorhersagen

Während die Berichterstattung und die Auswertung von Ergebnissen ein wichtiger Teil jeder Organisation ist, ist es ebenso wichtig, verschiedene Situationen und Veränderungen vorauszusehen und sich darauf vorzubereiten. Die Verwendung von Excel mit Tools von Drittanbietern kann für die Modellierung von Finanzprognosen anhand von historischen Daten nützlich sein. Excel kann auch eine Reihe von Daten aus einem Diagramm nehmen, um eine Formel zu erstellen, die zur Vorhersage zukünftiger Werte im Diagramm verwendet wird.

13.14 Speicherung der Dateneingabe

Excel Basic ist ein großartiges Werkzeug für die Eingabe und Speicherung von Daten. Tatsächlich ist die Größe einer Excel-Datei nur durch die Kapazität Ihres Computers und den Speicher Ihres Geräts begrenzt. Arbeitsblätter können maximal 1.0 8.576 Zeilen und 16.38 Spalten haben. Dadurch kann Excel eine große Menge an Daten speichern.

Mit Funktionen wie dem Datenformular können Benutzer benutzerdefinierte Dateneingabeformulare erstellen, die auf ihre geschäftlichen Anforderungen zugeschnitten sind. Und nicht nur das: Funktionen wie das Datenformular erleichtern die Eingabe und Auswertung von Daten. Zwei Beispiele für die Verwendung sind die Erstellung einer Nummer und die Verwaltung von Mailinglisten für Verbraucher oder Schichtlisten für Mitarbeiter. Excel ist in seiner einfachsten Form ein hervorragendes Werkzeug für die Eingabe und Speicherung von Daten. Tatsächlich ist die Größe einer Excel-Datei nur durch die Kapazität Ihres Computers und den Speicher begrenzt. Arbeitsblätter können maximal 1.0 8.576 Zeilen und 16.38 Spalten haben. Dadurch kann Excel eine große Menge an Daten speichern. Mit Funktionen wie dem Datenformular können Benutzer benutzerdefinierte Dateneingabeformulare erstellen, die auf ihre geschäftlichen Anforderungen zugeschnitten sind. Und nicht nur das: Funktionen wie das Datenformular erleichtern die Eingabe und Auswertung von Daten. Das Erstellen und Verwalten von Mailinglisten für Verbraucher oder Schichtlisten für Mitarbeiter sind Beispiele für die Verwendung von Excel.

Fazit

Je mehr Sie über Excel lernen, desto besser können Sie es in Ihrem Alltag einsetzen. Es ist besser, Zeit in das Lernen zu investieren, als Zeit mit trivialen Aktivitäten zu vergeuden. Werden Sie sich Ihrer Verantwortung als Student bewusst und denken Sie daran, dass Bildung wichtiger ist als Spaß zu haben.

Als eine Sammlung von Daten, die in Spalten und Zeilen strukturiert sind, verbessert die Tabellenkalkulation die schnellere und genauere Ausführung von Berechnungen. Bilder, Texte und Formeln sollten elegant und ansprechend gemischt und interpretiert werden, damit die Bedeutung der Zahlen klar wird. Es gibt genug Aufgaben und tägliche Routinen für ein ganzes Leben. Der Zeitplan der einen Person mag sich von dem der anderen unterscheiden. Dennoch müssen wir ihn befolgen. Wenn man bedenkt, wie die Technologie unser tägliches Leben beeinflusst hat, können wir uns eine Welt ohne sie nicht mehr vorstellen. In unserem täglichen Leben nutzen wir verschiedene Technologien, um unser Leben einfacher und komplexer zu gestalten.

Stellen Sie sich eine Welt ohne das Internet oder Microsoft-Programme wie Excel vor. Die Bilder hätten einen Schwarz-weiß-Ton. Wir können also feststellen, dass Microsoft Excel jeden Tag unverzichtbar ist. Je mehr Sie sich mit Excel beschäftigen, desto schneller werden Sie sich verbessern. MS Excel verfolgt dieselbe Philosophie.

Microsoft Excel integriert derzeit Excel-Daten in verschiedene Anwendungen und entwickelt Möglichkeiten, Excel-Daten zu verwenden, zu verstehen und anzuzeigen. Sogar Excel verwendet Tabellen, um PowerPoint-Präsentationen zu erklären. Wir können Excel-Daten in Word oder PowerPoint einfügen, indem wir die Funktionen zum Kopieren und Einfügen verwenden. Außerdem können Sie unser Arbeitsblatt mit Microsoft Excel durch ein Kennwort schützen, sodass jeder es ansehen und ausdrucken, aber keine Änderungen vornehmen kann. Sie können das Arbeitsblatt sogar als Vorlage speichern. Wenn Sie unsere Arbeitsmappe als Vorlage speichern, müssen Sie bei Bedarf kein spezielles Arbeitsblatt neu erstellen. Wir können auch Papiere in verschiedenen Formaten speichern. Wenn Sie Ihre Excel-Kenntnisse so weit wie möglich ausbauen, können Sie mit Analytik arbeiten.

Wie wir gesehen haben, haben wir gerade erklärt, dass Excel mehrere Verwendungszwecke hat, allerdings haben wir nur eine Gruppe davon erklärt. Zum Beispiel verbessert Excel tatsächlich unser Leben. Wir lösen jetzt Büro- oder Projektprobleme ohne Vorkenntnisse in Arithmetik oder Statistik. Microsoft Excel macht dies möglich. Motivieren Sie sich also, den Umgang mit Microsoft Excel zu lernen.

Excel ist ein wichtiges Werkzeug im Geschäftsleben. Für Unternehmer ist Excel ein viel genutztes Business-Tool; je nach Unternehmen wird Excel in größeren Organisationen nur selten verwendet. Umgekehrt verlassen sich kleine Unternehmen bei der täglichen Arbeit auf Excel. Ein Unternehmen verwendet Microsoft Excel hauptsächlich, um Ziele zu erstellen, zu planen und vorzubereiten.

Das Tagesgeschäft in der Unternehmensführung wird heute dank Excel von Unternehmen durchgeführt. Außerdem können Einzelpersonen ihre Ergebnisse vorhersagen. Die Finanzalgorithmen von Excel arbeiten brillant für das Unternehmen.